本丛书得到何东先生独资赞助

This series of books is financially supported exclusively by Mr. Eric Hotung.

20世纪中国文物考古发现与研究丛书

科技考古

杨晶　吴加安／著

文物出版社

一　内蒙古辽上京遗址（航空摄影）

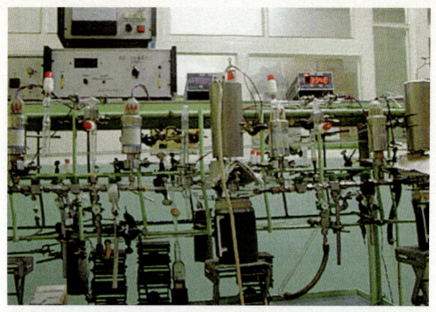

二　北京大学碳十四制样设备

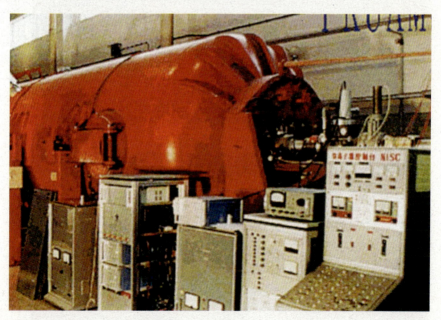

三　北京大学碳十四质谱设备

四　西沙考古——水下清理

五　西沙考古——水下摄影

六　修复后的秦始皇陵陪葬坑 1 号铜车马

20 世纪中国文物考古发现与研究丛书

序 / 张文彬

　　俗称"锄头考古学"的田野考古学的诞生以及中国考古学学科体系的基本完善，由此而引起的古物鉴玩观赏著录向科学的文物学的转变，是 20 世纪中国学术与文化界的大事。它从材料与方法两个方面彻底刷新了持续了数千年之久的中国古代史学传统，不但为中国学术界和文化界开拓出更加广阔的研究天地，也为一切关心中华民族悠久历史和灿烂文明的人们不断地提供了可贵的精神滋养和力量源泉。

　　仰古、述古、探古，进而考古，向来为我国传统文化中一个明显的学术特点。先秦时期诸子百家发其端，汉代司马迁撰写《史记》，北魏郦道元作注《水经》。他们对相关的遗迹遗物，尽可能地做到亲自考察和调查，既能辨史又可补史。这种寻根追源的治学态度，为后世学术上的探古、考古树立了榜样。此后，山河间的访古和书斋式的究古相继开展，特别是对古器物的研究，成了唐、宋时期的文化时尚。不少学者热衷于青铜铭文、碑刻、陶文、印章等古文字的考释，进而有了对器物的辨伪鉴定、时代判断、分类命名等，逐渐兴起了一门新的学问——金石学，涌现出许多著名的古器物鉴赏家和收藏家。只是囿于当时的历史条件，金石学家们无法了解所见文物的出土地点和情况，也难以涉及史前时代漫长的演进历程，因而长期以来始终脱离不了考证文字和证经补史的窠臼。即使如此，他们的艰辛努力和取得的成绩，还是为推动我国传统文化的发展起到了积极作用，并且在事实上也为中国考古学和中国文物学的起步铺设了最早的一段道路。

20 世纪初，近代考古学由西方传入。中国学者继承金石学的研究成果，学习并运用西方考古学方法，开始从事田野考古，通过历史物质文化遗存，探寻和认识古代社会，揭示人类社会发展规律。早在 1926 年，中国学者就自行主持山西南部汾河流域的调查和夏县西阴村史前遗址的发掘。随后，我国学者同美国研究机构合作，有计划地发掘周口店遗址，发现了北京猿人。从 1928 年起至 1937 年，连续十五次发掘安阳殷墟遗址，取得了较大收获，引起了国内外学术界的重视。自 20 世纪 50 年代以后，随着国家大规模经济建设的进行，田野考古勘探、调查和科学发掘工作在全国范围内蓬勃有序地开展，许多重要的典型遗址和墓地被揭露出来，重大发现举世瞩目。它们脉络清晰，层位分明，文化相连，不仅弥补了某些地域上的空白，而且衔接了年代上的缺环，为研究中国古代史、文化史、科学史以及其他学科领域，提供了珍贵、丰富的实物资料，极大地影响着人文社会科学诸多学科专业的研究与发展。这段时间被学术界称为中国考古学的黄金时代。在马列主义理论指导下，具有中国特色的考古学理论体系和方法论逐渐形成。有关研究成果不仅极大地改变和丰富了人们对中国文明起源、中国古史发展等重大问题的认识，同时也扩展了中国文物的研究领域和研究方式。可以说，考古学的发展与进步，直接影响到文物学的形成与发展，而且影响到全社会对文化遗产重要作用的认识以及世界学术界对中国古代文明的重新认识。

从20世纪80年代开始，文物界就中国文物学的创立，逐渐取得共识，在共同探讨的基础上，初步形成了学科体系。不少学者发表了有关论文，出版了专著，就文物的历史价值、科学价值、艺术价值以及在社会主义的物质文明与精神文明建设中如何对文物进行有效保护、合理利用发表意见。这些研究成果已获得学术界的赞同。

在这世纪之交和千年更替之际，对中国考古学和中国文物事业作一次世纪性的回顾和反思，给予科学的总结，是许多学者正在思考和研究的问题。如果能通过梳理20世纪以来重大发现和研究成果，透视学科自身成长的历程，从而展望未来发展的方向，以激励后来者继续攀登科学高峰，无疑是一件很有意义的事。为此，经过酝酿、商讨和广泛征求意见，我们约请一批学者（其中有相当多的中青年学者）就自己的专长选择一个专题，独立成篇，由文物出版社编辑出版一套《20世纪中国文物考古发现与研究丛书》，并以此作为向新世纪的献礼。

从某种意义上说，《20世纪中国文物考古发现与研究丛书》是一套学科发展史和学术研究史丛书。其内容包括对20世纪考古与文物工作概况的综合阐述；对一些重要的考古学文化和古代区域文化研究情况的叙述；对文物考古的专题研究；对重要的文物考古发现、发掘及研究的个例纪实。

此套丛书的内容面广，而且彼此关联。考虑到各选题在某些内容上难免会有重叠或复述，因此在编撰之初，我们要求各选题之间互有侧重，彼此补充，以期为读者了解20世纪中国考古学和文物学的发展提供更多的视角。

我国的文物与考古工作，虽在20世纪得到了迅速发展，但仍有许多重大学术问题需要进一步探索。我们主持编辑这套丛书，除了强调材料真实，考释有据，写作态度严谨求实外，也不回避以往在工作或研究上曾经产生的纰漏差错和不足之处，以便为今后的工作和研究提供借鉴。虽然我们尽了很大努力，但限于水平，各篇仍很难整齐划一。由于组稿和作者方面的困难和变化，一些计划之中的题目也未能成书。这些不周之处，敬请专家、学者和广大读者批评指正。

在丛书编印过程中，我们得到了文物、考古界的广泛支持。何东先生在出版经费上给予了热情帮助。在此，一并深表感谢。

2000年6月于北京

目　录

插 图 目 录

前言

古代人类的物质遗存是物化的人类社会的总和。其内涵颇为广泛，所蕴藏的信息极其丰富，单凭考古学自身的研究是不可能全部释读出来的。为了实现对物质遗存更深入、更全面的研究，考古学必须与包括自然科学在内的诸多相关学科进行通力协作。于是在考古学与自然科学的汇流发展之中，科技考古便应运而生了。科技考古是运用现代自然科学的方法获取物质遗存中潜在的或辐射的信息，通过测量、分析和鉴定等综合性处理手段，从而实现对物质遗存的定量化研究。作为自然科学和社会科学的交叉点，科技考古的特征必然是综合化与精细化的结合，其研究的对象几乎涵盖了一切与人类活动相关的物质遗存。

地球是由人类社会和自然界所组成的一个相互作用的有机体，只要人类存在，人类社会与自然界就是彼此互为条件的。因此，在贯穿一切有机知识系统的科学之中，人文科学与自然科学两者之间本质上不应存在什么不可逾越的鸿沟，正像德国物理学家普朗克在《世界物理图景的统一性》中所描述的那样："科学是内在的整体，它被分解为单独的部门不是由于事物的本质，而是由于人类认识能力的局限性。实际上存在着由物理到化学，通过生物学和人类学到社会科学的连续链条，这是任何一处都不能被打断的链条。"从习惯上说，自然科学的研究对象是自然界的物质运动（行为），人文科学的研究对象是人类社会发展的运动（行为）。当然，人文科学与自然科学的研究对象和研究方法并非绝对孤立和毫无关联的。

　　考古学是根据古代人类通过各种活动所遗留下来的物质遗存来研究人类古代社会历史的一门科学。从学科的内容上看，考古学是历史学的有机组成部分，属于人文科学的范畴。作为人文科学大家庭的一员，考古学与自然科学之间有着不可分割的关系。考古学作为一门严谨的学科出现于19世纪绝对不是偶然的。19世纪以前并没有真正的考古，尽管中国和欧洲，从较早的古代起就曾有人研究过古器物，但充其量只是对古物的收藏和玩赏，并没有什么学术上的企图。19世纪是一个自然科学空前发展的时代，考古学的产生，在很大程度上是依靠自然科学的研究成果而确立的。关于这一点，英国考古学家格林·丹尼尔已在《考古学一百五十年》中说明："在地质学出现之前，在均变说被接受之前，不可能有真正的考古学。"考古学出现的前提条件，"第一是赖尔均变说理论的形成。第二是丹麦古物学家如汤姆森和沃尔赛等人在丹麦史前古物相对编年上所取得的进展。第三是证实了人类骨骼化石及人工制品与绝灭动物在古老地层中的共存现象，从而取得了人类出现年代异常古老的证据。第四，达尔文的进化论与物种可变论的普及推广"。正是由于地质学和古生物学的发展，考古学才得以以进化论为指导思想并开始严格地按照近代自然科学的传统和方法从事研究。考古学研究的两大支柱是层位学和类型学的方法。其中考古层位学就是受益于地质学中的地层叠压理论而产生的，考古类型学则是受到了生物学中分类方法的启发而建立的。正如张忠培在《中国考古学：实践·理论·方法》一书中指出的那样："没有生物学及地质学的发展和传播，就不能从它们那里借用分类学和地层学，也不能使人们对自身古代历史的兴趣这一动因转化为现实，即出现考古学。"

考古学从一开始就脱胎于自然科学之中，它不仅依据自然科学范畴中的生物学和地质学建立了一整套独特的科学方法体系，还不断地借鉴物理、化学、数学等多种自然科学的成果来推动本学科的发展。随着时间的推移，考古学与自然科学的联系日益密切，自然科学技术在考古学中的应用亦更加普遍、更加重要。自然科学技术在考古中的应用主要包括以下几个方面：

1. 在传统的田野考古调查和发掘的基础上，应用航空、航天摄影技术以及地球物理学的勘测技术和潜水装置、声纳装置、水下测量技术，从空中、地面及水下寻找考古遗存；采用水洗法、石膏翻模等技术手段，获取以往无法得到的各种信息资料。

2. 利用孢粉分析和硅酸体分析技术鉴别植物的种属，以及利用显微镜、X 射线衍射仪等仪器直接观察动物骨骼化学成分上的差异，进而探讨考古遗存所处地域的气候、地貌、植被和动物群的演变。

3. 运用病理学、遗传学和 DNA 分析等分子生物学的一系列新方法以及光谱测量仪等新技术手段，研究人骨的性别、年龄、种属，以及死者生时的一些疾病、创伤与致死原因等留存在尸骨上的现象。

4. 应用各种断代技术，诸如碳十四断代、热释光断代、电子自旋共振断代、古地磁学断代、铀系同位素断代、钾—氩断代、裂变径迹断代、黑曜岩水合断代、氨基酸消旋断代、化学元素分析断代、穆斯堡尔谱断代等，用以测定考古遗存的年代。

5. 使用热分析、扫描电子显微镜、X 射线衍射、红外吸收光谱、核磁共振、穆斯堡尔谱等各结构分析技术和中子活化分析、原子吸收和原子发射光谱、X 射线荧光分析、离子束分析等化学元素分析技术，测定考古遗存的物理结构及化学成分，解析考古遗存材料来源、性质及传播信息。

6. 引入各种物理、化学以及材料力学等多种学科的技术方法，以最适当的配方、最精细的工艺对考古遗存进行科学的保护和复原。

7. 通过模拟实验和使用模型等手段，对考古遗存的形态、结构、用途及制作工艺进行探讨。

8. 运用聚类分析、概率分析和数理统计等应用数学的方法，通过计算机实现对考古资料的存储管理和分析处理。

实际上，自然科学的方法与手段已经逐步融入到考古学的各个方面，并且日益成为考古学研究中不可缺少的重要组成部分。只有依靠自然科学的帮助，考古学才能扩大视野，以获取更多、更准确的信息，从而揭示自身研究对象的深层奥秘。现代科学技术的运用，使考古学显示出更为丰富的内涵和更加旺盛的生命力，增进了考古学研究的活力，为考古学的发展插上了腾飞的翅膀。自然科学越发展，技术应用越广泛，考古学的内容越充实，考古学的研究就越深入。一部考古学的发展史，在某种意义上可以说是自然科学技术在考古研究中的应用史。

当然，自然科学的规律不能混同于人文学科的规律，自然科学技术应用于考古学也不意味着可以代替考古学。例如，碳十四断代的方法在考古遗存的年代测定中虽已成为最常见且应用最广泛的测年技术之一，可是精确定量的绝对年代测定方法并没有取代考古学赖以判断相对年代的层位学和类型学的方法，相反却要求考古学层位的划分更细致、类型的排比更深入。这种方法的应用要求考古工作者能够正确地评介在各种情况下碳十四年代的精确程度，并分析各种可能的误差来源。归根结底，依据物理、化学等自然科技手段对考古遗存进行的鉴定和解释，最终依然要受到考古学的验证。因为考古学的最终目的不是寻求如同自然科学一般的亘古不变的"真理"，而是客观地阐明考古学文化所表象的古代人类在特定时间和空间所构成的生态框架中的文化行为，探索人类历史的发展规律。考古学的魅力所在就是不断地运用自然科学的技术手段对于人文科学的智慧进行永恒的追索与探寻。

本书遵循"基础、重点、实用、新颖"的方针，拟从上述八个方面系统地体现自然科学技术在考古研究中的应用及其成果，着重对中国 20 世纪科技考古的研究现状进行客观的总结和评述，同时探讨 21 世纪中国科技考古的新思维、新方法，力求把握现代科技考古发展的脉搏。

一 现代科技在田野考古方法上的突破

考古学是以古代的遗迹、遗物等实物资料为研究对象的一门学问。古代的遗迹和遗物通常埋藏于地下，以其与周围不同的形态（异常的物理或化学性质）而存在着。被掩埋于地下的考古遗存，地面上几乎没有任何标记。对于考古工作者来说，单凭肉眼通过地貌特征及土质、土色的差异来寻找地下遗存，无疑是十分困难的。实际上，相当一部分考古遗存，是在工程建设和农田建设中偶然被发现的。随着自然科学技术的导入，除田野调查和考古发掘之外，人们开始尝试应用器械和技术手段从地面上来推定地下考古遗存所显示的特殊性质。诚然，获取地下考古遗迹、遗物资料的最高手段莫过于考古发掘。可是，一经发掘，反映过去人类活动的空间位置和状态的考古遗存就会失去原有的面貌，人们无论付出多大的努力也不可能将其完全复原。即使最周到的发掘，在揭露过程中遗迹和遗物也不可避免地会受到不同程度的损坏，从这个意义上说考古发掘本身也是通过对考古遗存的破坏来实现的，而且每一次发掘都是对地下考古遗存一次性的彻底毁灭。因此，不管在任何情况下，考古发掘必须慎重而精心地进行，并尽可能地采集所有的信息资料。这样一来，发掘工作就变成一种旷日持久、耗费惊人的操作过程。只有及时地掌握地下遗存的有关情况，才能避免失误和遗漏所造成的毁坏。运用现代科技进行考古勘探和信息采集工作就是在这一前提背景下发展起来的。

（一） 开拓新的研究领域

20世纪伊始，各种自然科学技术快速发展，它们在考古学上的应用日益广泛。1906年英国皇家陆军工兵P·H·夏普利用一只军用气球对斯通亨奇环状列石的石柱群所作的空中拍摄，成为考古中使用空中摄影的最初范例。1946年R·J·C·阿特金森在英国的多尔切斯特将电阻率勘测法用于探查地下考古遗存的结构，开创了应用器械和技术手段从地面上推定地下考古遗存的先河。1943年法国人艾米尔·加尼昂和雅克·伊夫·库斯托发明的轻潜装置，使考古学家能将水下的遗迹、遗物可以像在陆地一样加以保护和研究的梦想开始变为现实。随着科学技术的发展，空中勘测、地面勘探和水下勘探已成为考古发现和考古记录的一个重要方法。我国的考古勘探工作虽然起步较晚，但从空中、地面和水下多方位展开的勘测，以其开阔的视野、丰富的信息、快捷的速度、灵活的方法等诸多优越性，开拓了中国考古学研究的新领域。

1. 空中考古勘测

空中勘测，是指在航空、航天飞行器上对地面进行拍摄，获取各种不同的影像和数据，经过光学和计算机技术处理后得到遥感图像，通过对图像所显示的地面遗迹的解译和判读，来寻找已知或未知的考古遗存及其线索。航片判读的前提是由于地下考古遗迹系人工所为，它们与其周围的介质存在着质地、疏密度、含水量等方面的差别，当太阳辐射到地面时，各种地物对太阳光中的不同波段有着强弱不同的反射，因而在航空影像上，考古遗迹和现象可通过本身的形状、大小、色调、阴影、纹理、类型、位置和伴随物等标志加以辨认。其中以形状、色调和阴影标志最为重要。除此之外，考古遗迹和现象往往以各自不同的方式存在于自然环境中，于是形成独特的土壤标志、植被标志、地貌标志、水系与水文标志等环境指示标志。这些标志，对于解译考古遗迹和现象的影像也是十分重要的。目前在我国，空中勘测只限于少数大型遗迹的测量和区域性遗迹的普查方面。

（1）大型遗迹的测量

位于安徽省凤阳县境内的明中都，因遭受严重破坏而成为废墟。自1983年以来，为了查明古城的布局，滁县地区文物保护科研所利用南京军区提供的1：55000（1954年航摄）、1：50000（1955年航摄）和安徽省地矿局提供的1：35000（1967年航摄）黑白航片以及国家遥感中心提供的1：5000彩色航片，对明中都遗址进行了综合分析，基本上查明了遗址城墙、城门及相互关系，确定了三道城墙和圜丘的位置[1]。其中利用航片测算的皇城周长和实测的结果见表一。此次研究通过对该地区不同时代、不同比例尺航空影像的解译，初步建立了利用航片寻找古城的标志，具有一定的实际意义。

表一　　　　　　　明中都皇城周长对照表　　　　　单位：米

比例尺	航片测算长度	实测长度	误差%
1：55000	3663	3731	＋0.92
1：50000	3770	3731	－0.52
1：35000	3647	3731	＋1.14

位于陕西省礼县的昭陵是唐太宗李世民的陵墓，也是

"唐十八陵"中规模最大、陪葬墓最多的一座陵园。陵园总面积达 200 平方公里。以往的考古调查曾初步确定陪葬墓总数为一百六十七座，后因修路、平整土地等原因，不断发现、清理和削平了一些墓葬，但位置均未标定或记录。为了进行昭陵园区内古墓葬的定位研究，煤炭航测遥感中心与昭陵博物馆合作，收集了 1956 至 1979 年不同时期、不同比例尺的航空摄影资料与地形图（表二），通过室内解译和现场验证补充，完成了定性。同时运用航空摄影测量、地面立体摄影测量和近景摄影测量技术，绘制了昭陵文物分布图、昭陵陪葬墓坐标成果表、昭陵六骏立面等值线图和昭陵博物馆馆址现状图等，还利用计算机建立了昭陵文物数据库[2]。这次研究可谓第一次完整、准确地测定了唐昭陵陵园内的各类文物，标出了一百八十八座陪葬墓的位置（包括 1956 至 1979 年间封土已被毁坏、削平，在实地无标志的墓葬）。与以往的资料相比，新发现并标出了三十七座墓葬遗迹，体现了空中考古勘测手段在大型遗迹调查中的优越性。昭陵调查中多种测量技术的运用，完成了从宏观到微观、从整体到局部不同层次的定位与测定，为大型遗迹的保护和研究提供了科学的依据。

表二　　　　　　　昭陵多时相航空摄影资料表

航摄年代	像幅（厘米）	航摄仪类型	绝对航高（米）	摄影比例尺	摄影主距（毫米）	用　途
1956 年	18×18	AφA－37		1∶60000	69.59	室内解译定性
1968 年	18×18	RC－3(728)	2130	1∶12000	114.68	分布图的测制
1968 年	18×18	RC－3(710)	2130	1∶14000	114.04	分布图的测制
1979 年	18×18	AφA－T3	3650	1∶45000	69.51 69.85	室内计算陪葬墓的三维坐标

据有关资料记载，寿春城是楚国晚期的都城。但因年代久远及战争和水灾等各种原因，对其具体位置、范围、形制以及文化内涵了解得甚少。1983 年开始的考古调查，对寿春城的位置、范围和文化内涵有了初步的了解。在此基础上，为了进一步搞清寿春城的布局和古河道等有关问题，1987 年 5 月至 1988 年 3 月，安徽省文物考古研究所和安徽省地矿局遥感站应用航片判读技术对今寿县城东南地区实施调查、解译[3]。值得一提的是在实地踏勘验证过程中，他们除了采用铲探和试掘手段外，还采用了物探的方法。如在双埂楼一带航片影像解译所示的城墙位置上，使用对称四级电阻率法进行测试，测试的结果，城墙和护城河均有明显的显示。寿春城的航空遥感调查，可谓是将航空影像判读技术与地面物探技术结合起来应用于考古的一次尝试。

1985 年开始实施的秦始皇陵园的航空遥感和摄影测量是我国 20 世纪 80 年代规模最大的一次空中考古勘探工程。这项工程历时三年，由陕西省考古研究所、秦始皇兵马俑博物馆和煤炭航测遥感中心等单位协同完成。航空影像的获取与解译的工作程序为：资料收集及现场踏勘→地面波谱测试→遥感飞行→已知区文物点群判释→未知区文物遗址判释→地质体解译→野外调查及验证。其中遥感平台采用加拿大"双水獭"专业摄影飞机，摄影机采用瑞士 RC - 10 航摄机，传感器采用上海技术物理所 DGS - 1 型组合式多光谱扫描仪。飞机飞行的范围是东经 109°11′至 109°18′，北纬 34°21′至 34°24′，面积约 60 平方公里，包含全部陵园。摄影方式使用了彩红外摄影、黑白摄影和红外扫描。航空图像解译的结果，在文物已知区勘查的准确率约为 85%；在未知区新发现了已埋没了千余年的唐朝华清宫南界——一道人造壕沟，并圈定了几个仍在活动的滑坡位置[4]。

20世纪90年代初，中国社会科学院考古研究所利用植被环境遥感和土壤环境遥感技术，对汉长安城和安阳殷墟（图一）等处的考古遗迹进行探查。通过对不同时期航空影像和TM影像的解译，在汉长安城发现了大量夯土建筑基址、两条主要街道和沧池的大致轮廓[5]。经过实地考古钻探验证，大部分结果与以往的考古资料相吻合，但长安城内的一些建筑址和各宫殿的宫墙没有在航片中显示出来，其原因还有待于进一步探讨。同时，在湖南城头山（图二）、内蒙古辽上京（图三）等大型遗址的调查中，也运用了空中摄影技术，获得了清晰的遗存影像资料。

（2）区域性遗迹的普查

为了查明北京境内长城的分布情况与保护现状，地质矿产部地质遥感中心和北京市文物研究所等单位于1984年4月至1985年3月实施了航空遥感调查。调查的基本方法是：航空图像目视解译及地学相关分析→野外检查、验证→再解译→抽样验证→长度测量、综合分析及成图。在图像解译过程中，首先在比例尺1:67000彩色红外像片上概查，宏观了解北京地区长城分布概况及建立解译标志与制作损坏程度划分方案等，再使用比例尺1:25000彩色红外像片全面解译，并在比例尺1:25000的地形图上标示出长城的走向、分布、损坏程度等级、城台位置及分类等。除利用地形图、地图中可查到的长城标记核对外，主要采用比例尺1:10000的黑白像片及部分彩色红外像片进行校核[6]。调查的主要成果是：第一次查明了长城空间分布格局、长城损坏现状，计算了长城长度和城台数

图一　河南安阳殷墟遗址的环境遥感图

等；编制了北京长城分布图、北京长城现状图和北京长城剖面图。这次调查为长城的保护、维修、管理以及科学研究提供了详实的资料和数据。

1987 年以来，江苏镇江博物馆与上海华东师范大学地理

图二　湖南澧县城头山遗址（航空摄影）

系合作，运用航空遥感技术调查了镇江地区广泛分布的商周时期台形聚落遗址和土墩墓。经过航片解译、判读、野外踏勘和建立台形遗址与土墩墓的解译标志后，做了遥感制图、计算机图像处理和微波遥感试验三方面的工作[7]。所选用的航片是1964 年冬季成像的黑白立体影像，比例尺为 1∶25000。先用

图三　内蒙古巴林左旗辽上京遗址（航空摄影）

普通光学和计算机图像处理相结合的方法对航片进行图像处理，再将解译出的台形遗址与土墩墓用转绘仪转绘到五万分之一的地形图上，制成草图并进行验证，最后编制出镇江商周台形遗址与土墩墓分布图（1：50000）和镇江商周台形遗址与土墩墓分布影像图（1：100000）。根据镇江市郊润州区、丹徒县、丹阳市和句容县部分乡的实地验查结果，对台形遗址的判释率和判对率均达 95% 以上。对于土墩墓的判释，高度在 5 米以上的大型墓判对率可达 100%，高度在 3～4 米的土墩墓判对率达 95%，高度在 3 米以下及受人为破坏而实地无标志的土墩墓，判对率也可达 90% 以上。在镇江市郊区及所辖丹徒、句容和丹阳三县市范围内，共查出台形遗址计一百八十五处、土墩墓三千一百三十四座。而以往所掌握的台形遗址数目为七十一处，新增加一百一十四处；过去对土墩墓只了解大体的分布概括，具体的数目不详，如今比较准确地查明了现存的数量。这次调查为研究台形遗址与土墩墓的布局规律提供了真实可靠的资料，也为利用航片判读技术进行大范围内的遗迹普查探索出一条新路。

进入 20 世纪 90 年代，中国社会科学院考古研究所运用航片判读技术对新疆高昌、北庭古城（图四）以及库尔勒至轮台间的古城实施了遥感探查[8]，确定了这一地区古代城址的准确位置以及平面布局的概况，从宏观上对这一地区的古城址进行了全面的分析，并且总结出航空遥感技术在沙漠考古中应用的方法。从此，我国考古学中航空遥感技术的应用，已由沿海和内陆腹地扩展到边疆沙漠地区。

已有的研究表明，航空摄影测量在大型遗迹和区域性遗迹的田野考古调查中是行之有效的方法。不过，目前我国的空中

图四 新疆吉木萨尔北庭古城遗址彩红外影像图

考古勘测主要以收集现有的航空和航天影像资料为主，尽管有的航片影像分辨率较高，可是由于其主要目的并非是为考古研究而拍摄的，因此最适于空中考古摄影所需的光线和植物情况没有被特别加以注意，加上拍摄时间和摄影比例尺也不十分符合考古研究的需要，所以运用起来比较被动。利用航片判读技术虽然可以迅速有效地在较大范围内发现或基本上查明某种遗迹的位置及分布状况，但这一技术只在利用已知遗迹点群来探测未知遗迹点群的方面效果较好，对于毫不知晓的遗迹或埋藏较深的遗迹，其探测则较为困难。由于我国的空中考古勘测工作刚刚起步，这一技术的应用尚受到许多主观和客观条件的限制，其理论与方法还有待于进一步完善和发展。今后，空中勘测技术还应积极配合地面勘测等其他手段，从而形成一个由宏观到微观、由整体到局部的综合勘探系统。

2. 地面考古勘测

在地面上运用地球物理和化学的方法探查地下的遗存，是空中考古勘测的重要补充，也是科学进行考古发掘的先决条件。对于能够永久或长期保存的遗迹来说，人们往往希望不经过任何破坏而确知地下的状况。地表的观察毕竟有限，只有通过探查才可能透过覆盖层，快速而无损地获得地下土层及埋藏遗存的详细信息。同时，发掘前的探查不仅可以提高发掘的进度和质量，也可以在一定程度上避免失误性的毁坏。因此如果将考古发掘喻为外科手术的话，那么地面考古探查就如同内科诊断，成为考古发掘的预备手段和必要前提。我国在地面考古勘探中已经运用了电探测法、磁探测法、电磁探测法、地质雷达探测法和汞量测量法等多种不同的方法。

（1）应用电探测法探查古城遗迹

由于地下遗存本身与其周围的土壤之间具有不同的电阻率，因而电探查法可以通过测定地表土壤的电阻率并据其变化的状况来推定地下遗存的位置及分布情况与埋藏状态。用于测量地面电阻的仪器，通常由四根缚在电缆上的金属电极、一个交流或直流电源和一台电位差测量仪表所组成。电探查法既可以探测一定深度内遗存的平面分布范围、遗迹的走向、规模与布局，也可以推定在某一测点垂直方向上任何深度的地层及遗存所处位置的剖面情况。电探查法的典型例子是对宋代东京城外城的勘探。

宋代东京城外城西墙的一段，位于河南省开封市郊南正门村。该城墙始建于周，扩建于后周显德三年（956年），取郑州虎牢关土夯筑而成。由于历史上多次黄河水患淤没，今已为地下城墙（图五）。对于了解其位置、走向以及夯土层的埋藏深度和残存剖面的考古探查来说，电探查是一个有效的方法。根据张寅生的介绍，图六是开封宋东京城墙遗址的等视电阻率平面曲线图。在图的中部两条标值数据为40的曲线形成了条带状区域，且条带状区域内各点视电阻率值均小于40。据电阻率的参数资料，墙体夯土的电阻率为21欧姆·米，周围沙土的电阻率为58欧姆·米，那么，这一低值条带区域应为夯土层的反映。从平面上追踪显示这种低电阻率值的部分，可以掌握城墙的位置规模和方向，从而推断出地下城墙的残存平均宽度为20米，其走向为10°（磁方向），略呈南北走向。图七是城墙遗址夯土上的等视电阻率剖面曲线图。图中标值数据为31的闭合曲线反映出夯土层中心埋深约4米；标值数据为45的曲线反映出夯土层顶面为一弧形；标值数据为35的曲线反映出夯土层底板趋于水平状态，埋深为7米左右，由此可初步推断出夯土层的剖面形态呈上凸下平的半透镜状[9]。

目前电探查法在地下遗址、古建筑和古河道等方面已经多

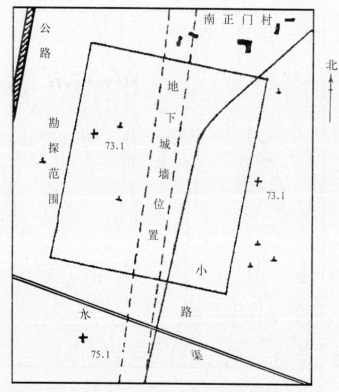

图五 河南开封宋东京部分城墙位置示意图

地多例应用，现将一批经过验证的实例列入表三：

虽然电探查法避免不了分析、推断过程中的误差，但其速度快、劳动强度小，对于城址、墓葬等大型遗迹分布范围的调查，可谓一种行之有效的方法。

（2）应用磁探测法探查古窑、古墓遗迹

磁探查法最初是通过观测和分析岩石、矿物的磁性差异及

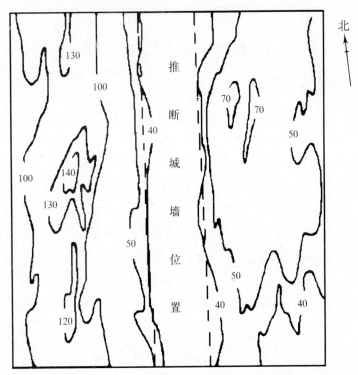

图六　河南开封宋东京城墙遗址等视电阻率值平面曲线图

磁场特征来研究地质构造和寻找矿产的。这种方法应用于考古
领域的前提条件是：考古遗迹（如墓葬、房址、城墙、窑址、
灶坑等）和遗物（如铜、铁、陶瓷制品等）必须与周围地层
具有一定的可分辨的磁性差别，即磁化率、剩余磁化强度等磁
性参量的不同。考古遗存的这些磁性差异，一般通过三种方式
获得。其一，被烧过的泥制品、土壤、石头等可获得较强的磁
性。在热的作用下，这类物质会产生化学变化及获得热剩余磁

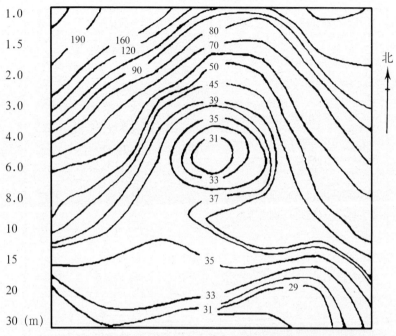

图七　河南开封宋东京城墙夯土层上的等视电阻率值剖面曲线图

化强度而使磁性增强。而由这些材料构成的考古遗存也将会产生一定强度的磁场异常。其二，有机质的腐烂使土壤获得较强的磁性。富含有机质的文化土层等在有机质腐烂的过程中，由于氧化还原作用，土壤中的赤铁矿变为磁铁矿，从而使其磁性增强。其三，人为翻动过的土壤或夯土以及掺入人工制品（如陶片、烧土等）的残渣、颗粒的土层，因土质结构、密度等发生变化，可使其与周围未经扰动过的土壤和沉积物相比，显示出明显的磁性差别。上述情况所具有的磁性，在一定的条件下成为考古磁法探查的重要依据。磁法探查使用的仪器有质

表三　　　　应用电探测法探查地下遗存的实例　　　单位：米

工作区	勘探对象	地层概况	勘探结果	验证结果	误差
河南开封市郊南正门村	夯土城墙（宋代）	墙体为夯土围土为沙土	走向10°平均宽度20中心埋深4	钻探验证：宽度22，中心埋深3.5	宽度2埋深0.5
安徽亳县南郊	墓葬遗迹（汉魏）	遗迹为砖石堆积围土为沙土	范围14.5×9东西向	发掘验证：范围14×8	长0.5宽1
安徽凤阳县老人桥村	城门基址（明代）	基址为夯土围土为黏土	范围40×22顶深1.5、底深3	探坑验证：顶1.1，底大于2.5	顶深0.4
安徽凤阳县凤阳府城	古河道（明代）	河道为碎砖瓦围土为亚黏土	河道宽5底深2	探坑验证；宽6，底2.5	宽1底0.5

子地磁仪、磁通量地磁仪、光泵地磁仪和差分地磁仪等。对于考古探查来说，最有意义的莫过于热剩余磁性引起的磁异常。

　　磁探查法在河南一带古遗址的应用较多。据报道，采用磁探查的方法观测到了河南登封县一处古遗址中古窑址的磁异常状况[10]。因为窑是经火烧过的，故而其结构物质的磁性较强，可产生较强的磁异常。这种差异的强度往往可达40nT以上，形似等轴状。据此推断窑的主体为6×4米的椭圆形遗迹，埋深为表土下1~1.5米左右。当然，这一探查结果已被考古钻探所验证。同样，采用磁探查的方法已经观测到了河南新郑县一处古墓群的磁异常状况[11]。该墓群属战国—汉代的古墓葬，经初步钻探普查对墓葬的分布已有大致的了解，为了掌握墓葬的形状与类型，使用磁法探查进行详细调查。探查的结果表明，在已知墓葬分布的区域及大型陪葬坑上显示出一定强度、轮廓明显的磁异常。有些异常还清晰地勾绘出墓葬的状态与细节。如，有一处异常显示该墓有一个较长的南北向墓道，据此考古工作者判定为"甲"字形砖室墓。还有一处异常显示该墓呈曲尺状走向，据此考古工作者判定为"刀"字形砖室墓。但有些已知墓葬区的异常较弱，或许说明那里的墓葬可能为土坑墓，而非砖室墓。在未知墓葬分布的区域也发现了两处异常，推测应是两座新发现的墓葬，这在以往的资料中从未标注过。陪葬坑的磁异常显示，南北两部分有着较大的区别，表明坑内较多的陶器等随葬物品主要堆放在坑的南半部。这些据磁异常推断的遗迹埋深为地下 1 ~ 2 米左右，这一分析结果也被考古实地钻探所证实。

　　不同的考古遗存，由于磁性的获得机制不同，因而其磁异常的特征也是不同的。诚然，考古遗存本身并非磁异常的唯一因素。在实际工作中除了高压线、建筑等人为干扰所产生的磁异常外，还有来自微地形、地质环境、文化层土壤等方面造成的自然影响，对于这些影响也必须予以足够的重视。

　　（3）应用电磁探测法探查金属遗物

　　电磁探查法的原理亦是建立在考古遗存与周围的土壤之间电阻率或磁化率反常对比的基础之上的。其装置备有一个发射线圈和一个接收线圈。将发射线圈通电使地面形成一个初级磁场，通过电磁诱导现象在遗址中的金属体内产生涡电流，用接收线圈测定因涡电流而引起的次级磁场。经过对感应信号的分析处理，就可以对地下遗迹和遗物的埋藏位置进行定位。用于电磁探查法的测量仪器发展较快，有土壤异常探测器和脉冲磁场感应探测器等。应用电磁探查法测定地面电阻率，不需要像电探查法那样在地表设置电极，因而操作性强，适用于大型遗址的平面探查。在地下有金属物之类的良导体的场合，将表现出强电磁诱导现象，可有效地用于铁器和青铜器等金属遗物的探查。

1987 年对安阳殷墟遗址的宫殿区和王陵区应用电磁探查法进行过勘探[12]。经探查有七处电磁异常群，其中电磁异常群 M3，推断为良导体（青铜器）引起的；M4 也存在一良导体（青铜器）；M5 是不太明显的局部异常，推断可能与未发掘的古遗址中的青铜器有关；M6 的异常较强，推断是古遗址中的青铜器所引起的；M7、M8 可能是殷代某种建筑格局或人类社会生产活动场所的信息反映；M9 局部异常强而范围大，推断为高压线干扰引起的。该遗址电磁探查的结果与"热释汞"测量的结果基本吻合。电磁探查法对金属器的探测，灵敏度较高。可是由于其探查的精度较低，最好应用于电阻率值通常在数百欧姆以下的地面。另外，在接近市区街道和高压线之处，易受由此引起的电磁干扰的影响，有时会给测定工作带来困难。

（4）应用地质雷达探测法探查古铜矿遗址

地质雷达探查法是利用探地雷达从地表面向地下发射高频的脉冲电磁波，通过捕捉这种电磁波经地下反射后又返回地表的传播时间（亦称双程走时）、幅宽与波形，推断地层和目标物所在的构造形态及分布特征。用物探方法探测地下考古遗存，主要是依据探测对象在物理性质上与周围地层存在的差异。探地雷达反映的多为介电常数和导电率等电性差异，只要是因考古遗迹、遗物所引起的地下介质电性方面的变化都可作为雷达探测的判断依据。探地雷达系统大致由发送天线、接收天线、系统控制器以及各种外部记录装置所组成。探地雷达对于埋藏较深、规模较大的居住址、壕沟址和墓葬等遗迹的探查尤为有效。铜绿山古铜矿遗址的探测，可谓应用地质雷达探查法的成功之例。

铜绿山古铜矿遗址位于湖北省黄石市大冶县，是西周至春秋时期采集铜矿的遗迹。考古工作者在矿山 7 号矿体上的 I 号遗址，已发掘出当时的井巷支架及选矿、采装、提升、排水、照明等一套较完整的生产工具和器材。但由于矿山仍需继续开采，为了妥善处理矿山生产和古遗址保护之间的关系，提供准确的实测资料，中国地质大学地质雷达组对古铜矿遗址 I 至 Ⅲ 三个老窿区进行了勘探。图八是 1989 年矿区和黄石博物馆编

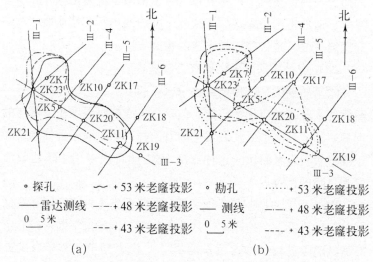

图八　湖北大冶铜绿山古铜矿遗址 Ⅲ 号老窿区的

钻探控制与雷达勘探结果对照

（a）钻探控制的 Ⅲ 号老窿投影图　　（b）雷达探测的 Ⅲ 号老窿投影图

制的钻探控制与雷达勘探结果对照的Ⅲ号老窿区范围投影图[13]。此次雷达勘探的部分测线通过了原有的钻孔位置。据地质雷达的勘探结果可知，在标高 +53 米和 +48 米上的老窿投影与原钻探结果基本一致，但在 +43 米标高上老窿投影则向东扩展了。另外，Ⅰ号遗址的考古发掘表明，古代开采铜矿的方式是边探边采，哪里矿富巷道就往那里延伸，故而巷道在水平和垂直方向上并不对应。地质雷达探测的结果与之相符，但钻探结果则不甚明显。Ⅱ号老窿浅部特征与原钻探结果基本一致，而深部范围加大并向北突出。这次地质雷达勘探不仅证实了原钻探成果的真实性，而且补充了原钻探方法的不足，尤其是在深部范围的圈定上显示出了较大的优越性，为考古遗迹的研究与保护提供了可靠资料。由于采用了宽频短脉冲和高采样率，探地雷达的探测深度和分辨率均高于所有其他地球物理的探测手段，是目前较为先进的物探方法。

（5）应用汞量测量法调查古墓遗迹

汞量测量法是一种地球化学探矿的方法，它可以用来寻找隐伏的汞及各种硫化物矿床，包括盲矿或被厚层堆积物覆盖的埋藏矿床。其测量形式最常见的有两种：即土壤中汞气测量和土壤或岩石汞量测量。这种方法 1981 年首次应用于陕西临潼秦始皇陵的调查。

1981 年 12 月和 1982 年 5 月，在陕西省考古研究所和秦俑博物馆的协助下，地质矿产部地球物理、地球化学勘探研究所对秦始皇陵进行了两次汞量测量[14]。测量结果在秦始皇陵墓封土表层中发现了很强的汞异常，面积达 1.2 万平方米。为了确证秦始皇陵封土中的汞异常不是土壤中固有的自然矿化，用原子荧光方法对秦始皇陵封土内的砷、碲、铋等在自然界矿化过程中经常与汞伴生的元素进行了分析。分析结果表明，这些元素的含量都在一般土壤的背景含量变动范围内，均无像汞那样有异常含量。换句话说，秦始皇陵封土中汞异常纯属人类活动的产物，与自然界的富集过程毫无联系。据考古钻探资料，汞异常区恰好位于秦始皇陵园的内城中央，这不但说明史记中关于秦始皇陵大量埋藏汞的记载是可信的，也为推断墓向和墓穴的位置提供了有价值的资料。

　　1985 年在对河南安阳市汞含量的调查中，曾对殷墟四种不同类型的遗址区进行了勘查[15]。从测量结果看，殷墟宫殿区的汞含量值为 633 ~ 16365PPb，平均值为 3334PPb，是安阳市土壤背景值的一百倍；殷墟平民墓葬区的汞含量值为 84 ~ 180PPb，平均值为 124PPb，是安阳市土壤背景值的四倍左右；殷墟已发掘的贵族墓葬区汞含量值为 41 ~ 1156PPb，平均值为 347PPb，大约是安阳市土壤背景值的十倍；殷墟未发掘的贵族墓葬区汞含量值为 80 ~ 15893PPb，平均值 1470PPb，是安阳市土壤背景值的五十倍左右。对与汞伴生的砷、碲、铋等元素的原子荧光分析结果表明，殷墟遗址中的汞异常现象并非自然界的富集过程所致，而是人类活动的产物。殷墟的汞异常与殷商时代大量用朱砂做防腐剂和红色颜料有关，也与青铜冶铸遗址和墓内随葬青铜器及其他随葬品有一定的关系。不过，汞量测量方法在考古领域中的应用实例尚不多见，其勘查结果还有待于考古发掘来证实。

　　自 20 世纪 80 年代开始，电探查法、磁探查法、电磁探查法及地质雷达探查法等地球物理的方法与汞量测量法等地球化学的方法陆续应用于考古研究领域。此外，河南省文物考古研究所与美国密苏里州立大学合作，运用 GPS（全球卫星定位系统）和 GIS（遥感技术）对颍河上游的考古遗址进行调查，结合地面踏查和钻探，在地形图上确定了二十五个遗址中心点的经度、纬度与海拔高度，并以此为基点测量出各遗址的现存形状、周长、面积及高差[16]。地球物理和地球化学勘探技术在考古领域中的应用，不仅提高了考古勘探的速度、降低了成本，更重要的是开拓了一条无破坏性勘探地下考古遗存的科学之路。我国在地面考古勘探方面虽然做了较多的探索工作，但从总体上看，还处于摸索方法和积累经验的阶段。尤其是探测的结果，只经过考古钻探的验证，大都没有经过考古发掘的最终证实。为了检验考古物探的结果，进行小规模的考古发掘是十分必要的。只有经过考古发掘的证实，地面考古勘测才有可能被大力推广。从安阳殷墟遗址采用电磁探测法和汞量测量法这两种不同探查方法得到的结果来看，将各种方法结合在一起的综合勘探，可以相互补充不足，从而达到了解全面情况的预期效果。今后的考古勘探将发展成为一个包括多学科的综合研究。

3. 水下考古调查

水下是一个隔绝空气的世界，不但光线和声音会产生极大的变化，而且每加深 10 米的深度就增加相当于地球上一个大气的压力。因此，适应水下环境是开展水下考古工作的最基本的条件。20 世纪 40 年代初水下呼吸器的发明，使人们可以比较自由地进入水下世界之后，与陆地考古学具有同样重要地位的水下考古学得以迅速地发展起来。潜水工程、海洋科学、地质勘探、电子技术、生物科学、遥感技术等多学科的研究手段和技术成果的应用是支撑水下考古的基础之一。我国的水下考古始于 20 世纪 80 年代中期，主要工作还局限在浅海地区。

（1）南海沉船遗址的调查

1987 年 8 月交通部广州海难救捞局与英国海洋探测公司在广东台山县海域作业时发现一艘古代沉船，并打捞出近百件文物。1989 年 11 月中国历史博物馆与日本水下考古研究所合作，联合组成中国南海沉船水下考古调查队，对沉船进行了首次调查。委托地质矿产部第二海洋地质调查大队使用海底扫描系统对沉船进行定位后，考古调查队用电磁波流速计测定了沉船所在地的流速、流向及当时海面下的温度差。此次调查确定了沉船的位置，测绘了遗址的平剖面图，采集到一枚青白瓷片和一块木片，为下一步的调查、发掘提供了依据[17]。

宝陵港位于海南省文昌县城东 34 公里处，现为渔港。自1987 年以来当地渔民陆续打捞出一批古代文物。1989 年海南省文化厅组织有关人员对该地点进行了探摸，确定为古代沉船遗址。1990 年中国历史博物馆和广东省博物馆、海南省博物馆及文昌县博物馆合作对沉船遗址进行了第一次调查[18]。根据探摸到的目标方位，利用铜鼓岭主峰和海岸边永久性构筑物为参照物，测量、确定了沉船的位置，测绘了遗址的平面图，采集了铜锣、铜钱、铜勺等标本，据此推断沉船沉没的时间及所载货物的年代属于明末清初。1998 至 1999 年，有关部门对西沙群岛水下文物进行了一次较为系统的考古调查，这也是中国水下考古工作者首次独立进行的远海水下考古活动（图九、一〇）。

（2）渤海沉船遗址的调查

绥中地处华北与东北两大平原相连结的辽西走廊上，东与辽宁兴城为邻，西踞山海关，与河北抚宁和青龙毗连，南临渤海，北靠辽宁间昌，为关内外交通的咽喉。绥中海岸长 75 公里，海岸线平直，没有较大的天然良港，现今只在西端有渔港。

图九　西沙考古水下测量与发掘

图一〇　准备潜水的考古人员

1991 年 7 月，当地渔民曾在海岸中段的三道岗海域打捞出一批古代的瓷器和一些破碎的船板。1991 年 9 月下旬至 10 月上旬，由多家单位组成的国家绥中沉船水下考古队对三道岗海域实施了第一次预备性调查；1992 年实施正式调查；1993 年和 1994 年实施发掘前的测量和试掘[19]。经过多次调查与试掘，探明了沉船的剖面和埋藏情况，发掘出大量磁州窑的瓷器和一批铁制农耕工具，为研究当时瓷器和铁器的内、外销情况以及造船和航海史都提供了极为重要的实物资料。绥中元代沉船遗址的发掘调查是一次开拓性的尝试，为我国水下考古研究积累了成功的经验。

在绥中元代沉船遗址的调查中，为了精确地测定沉船的经纬坐标，在三道岗海域 1×2 公里范围内采用旁侧声纳、高精度测深仪、磁力仪和浅地震剖面仪进行了水下探测。浅地震剖面仪成功地扫测出遗址剖面和海底地表下埋藏的情况，获得了较清晰的沉船剖面记录。经探明，船体的厚度为 1.1～3.6 米，最高顶面高于海底 2.5 米。水下探测的结果，共发现了五处异常点。其中一号点水深 14 米，呈一约南北向长条形物，长约 25 米，宽约 5 米，可以观察到该物体内若干类似于船体结构的纵横线条。经过逐一水下的探摸，终于确定一号点即为元代沉船的地点。发掘过程中还使用卫星定位仪将一个 20×10 米的拼接式发掘架放置在遗址上，保证了发掘与摄影工作的科学性。特别值得一提的是，由于使用了最新的水下微光摄像技术，在水质浑浊、水下能见度极低的恶劣条件下，获得了大量宝贵的图像资料。旁侧声纳、高精度测深仪、磁力仪、浅地震剖面仪、水下立体摄影机、电子计算机、精确导航定位仪等高科技的应用，标志着中国的水下勘测进入了一个新阶段。

从 20 世纪 80 年代中期开始，水下考古工作者先后对福建连江定海沉船遗址、广东吴川沙角璇沉船、山东胶南琅琊台沉船遗址及海南文昌宝陵港沉船遗址进行了调查，并与澳大利亚、日本等水下考古研究机构合作对福建连江定海白礁遗址和广东川山群岛附近的南海一号沉船进行了大规模的调查与发掘。辽宁绥中元代沉船调查是我国首次独立进行的最大规模的调查与发掘。由于人力、物力（设备）和财力等方面的限制，中国的水下考古主要集中在浅海地区。1996 年开展的南中国海考古项目是我国水下考古走向深海的开始，但内陆的大江和大河及湖泊等广大水域涉及得较少。水下考古研究的对象主要是遗留在海底的古代沉船遗址以及与之相关的航海、造船、海上贸易等活动。水下考古遗迹、遗物的发现主要依靠渔民、海军、水下工程部门提供线索，水下考古勘测技术的应用还有待于普及。对于拥有海域辽阔、江河纵横、湖泊众多的文明古国来说，我国的水下考古研究尚属一种尝试，亟待努力地拓展。

（二）拓宽信息采集的渠道

随着田野考古调查和发掘技术的发展，人们越来越注重从考古发掘中获取更多的物质遗存的资料。实际上物质遗存的内涵极其丰富，既包括如各种遗物、遗迹和古代工业生产制造过程中的废弃品等人工制品，也包括与遗址有关的动物骨骼、牙齿和植物茎秆、籽实以及花粉、木炭、土样之类的自然遗存。尽管绝大多数的物质遗存必须通过田野考古调查与发掘才能揭示出来，但要实现对物质遗存所反映的信息进行比较深入、全面的研究，还需要善于借鉴和运用各种不同学科的技术手段和方法，来获取更多更准确的资料。

1. 特殊标本的采集

在田野考古发掘中，绝大多数的遗物标本，譬如陶器、石器等在准确记录其出土位置和出土状况后就可以直接起取；对于因火灾或坍塌而散落的建筑构件，如砖瓦、屋脊饰等，最低限度要摄影之后才能起取；对于因严重锈蚀而变脆的金属器、腐朽殆尽的木制品及其他特殊环境下的出土物，只有经过特别的技术手段处理后方可起取。

（1）锈蚀金属器的起取

1977 年湖南省考古工作者在益阳地区发现了一件商代铜戈。出土时铜戈的表面有数条裂缝，整个器体已变成了一堆铜的氧化物，只要稍受振动，氧化的铜渣就会即刻剥落。经过多次试验，发掘者以"502"配制胶液对铜戈进行加固处理，待裂缝整形后掺入与器物色调相同的颜料粉的石膏调匀填补，再滴入适当的胶液补合、固定，以免变形[20]。这样一来，就可将铜戈顺利地起取并进行修复了。他们还利用同样的方法对益阳地区出土的铜尊、铜镦等氧化锈蚀严重的铜器也进行了加固与修复，均收到了理想的效果。

（2）腐朽木骨牙器的起取

石膏翻模和加固技术早在 20 世纪上半叶就被应用于考古发掘中。著名的乌尔王墓出土的竖琴和庞贝城址的人体都是在其本体朽坏殆尽只留下空腔的情况下，经过灌注石膏翻模得以重新复原的。日本大阪府四天王寺讲堂遗址出土的椽木痕迹也是利用这一技术处理的。在我国，石膏翻模和加固技术不仅应用于残缺陶、石器的补全与复原及石刻的复制，也用于腐朽木骨器痕迹的起取等其他方面。这种方法简便易行，在田野考古中已被作为一种采集遗物标本的特殊手段。

1981 年中国社会科学院考古研究所在山西省襄汾县陶寺遗址发现了多种彩绘木器，由于埋藏在地下四千余年，木胎已经完全腐朽，仅仅保留下器表一层薄薄的彩绘颜料，厚度不过 1 ~ 2 毫米。在剔剥过程中，为了避免颜料层脱落，发掘者使用丙烯酸乳液用滴管滴入颜料内使彩绘层加固，然后涂一层较浓的桃胶水，再将调好的石膏注入空腔内。随着石膏的凝固，桃胶会把彩绘粘到石膏胎骨上，当把彩绘层外侧的覆土剥除后就得到了器物的外形[21]。运用这种方法成功起取了该遗址出土的大批鼓、几、案、俎、匣、盘、豆、仓型器等单体或群体的彩绘木器。

1976 年发掘的殷墟妇好墓中发现有象牙器皿，三件象牙杯出土时已被压成一堆碎块，损坏严重的部分甚至成了粉状。为了不影响整个墓葬的发掘，采用了套箱起回室内清理加固的办法。即将需要起取的器物四周的填土向下切去，形成一个高土台，用木箱套住土台，四周的缝隙以填土或石膏浇灌固定好后，将土台挖通连木箱带器物一同运回室内。加固的方法使用稀释的三甲树脂滴入象牙碎块上，待所有的碎块都加固完后，再采用三甲树脂作黏合剂逐一粘对成形[22]。经过清理、加固、粘接和修补之后，三件象牙杯终于以完整的面貌展现出来，这也是殷墟文物中仅有的可复原的象牙器皿。

1983 年殷墟孝民屯 M1613 号车马坑发掘时，中国社会科学院考古研究所技术室运用石膏翻模和化学药品加固等方法，成功地将殷代的车轮、车毂、车箱、辕、衡等木质灰痕遗迹起取，并按照原貌组装到室内[23]。为起取车马坑之类木质灰痕遗迹，提供了可资参考的经验。

（3）易脱落壁画的揭取

1983 年辽宁省考古工作者在北票莲花山发掘了辽代耶律仁先的家族墓，先后在 1、2、3 号墓的券洞、券脸、翼墙等处发现了一批彩绘壁画。由于年代久远加之地下潮湿的侵蚀，壁画遭到不同程度的破坏，特别是券脸、翼墙部位的壁画损坏严重，有的画面已断裂鼓起，分离于底壁而行将脱落。鉴于壁画残损的情况，决定将部分券脸、翼墙上的壁画揭取保护。因画面比较潮湿，未采用以往惯用的桃胶来加固，而以三甲树脂作为黏结加固剂，分幅段平铲揭取。同时，在壁画的背衬、托板等材料选用上，选用聚苯乙烯泡沫塑料板代替木板，顺利地完成了揭取工作[24]。

1984 年发掘的北周李贤壁画墓，因塌方及地震等影响甬道内和墓室内的墙体错位或塌落，保存好壁画的唯一途径就是采取揭取保护的办法。由于李贤壁画墓的构造和保存状况与过去所发现的壁画墓有很大不同，中国文物研究所设计出一种新的揭取方法——"框套法"揭取壁画技术，即做成活动形式的框架，长、宽、厚薄均可以灵活地调整，方法简便，安全可靠。尤其适用于直接绘在土墙底壁上的、不带地仗的、画面松软潮湿的壁画。揭取中还选用聚乙烯醇缩丁醛作加固剂，用聚乙烯醇作贴布材料，起到了保护画面又避免霉菌的良好效果[25]。

1992 年陕西省文物部门对位于彬县底店乡二桥村的五代冯晖墓壁画进行了揭取，共揭取图案较完整的壁画二十五块，总面积约 20 平方米。这次揭取壁画与以往不同的是：在调胶时加入了 2% 的五氯酚钠，以起到防霉的作用[26]。一年以后加固壁画时，画面上没有发现有霉菌生长。实践证明，这种防霉措施是有效的。

壁画的揭取在传统上常以桃胶作为加固剂，但其容易滋生霉菌的缺点一直未能解决。自20世纪80年代开始，人们尝试以聚乙烯醇缩丁醛等加固性能强、保护效果好的新材料取代桃胶，已经收到了一定的成效。可是大部分墓内的空气一般流通不畅，不利于聚乙烯醇缩丁醛溶剂的挥发，加之无水乙醇又是易燃物品，因而聚乙烯醇缩丁醛的普及还存在一定的局限性。随着各种性能优良的新材料、新仪器的应用，将为安全有效地揭取墓葬壁画提供可靠的技术保证。

（4）土壤中遗留彩绘层的揭取

秦始皇兵马俑坑的陶俑原料都有彩绘，因为埋藏在地下长达二千多年，一直受到周围填土的高压等因素的影响，出土时陶俑的大部分彩绘脱落，只有个别俑体上尚残存较多的颜色。在秦俑1号坑的发掘中，就出现了一些彩绘脱离俑体而附着于填土上的情况。秦俑的彩绘层很薄，厚度通常在0.05～0.3毫米之间。当填土中的彩绘层露出时，发掘者曾尝试先用B72丙酮溶液进行加固，再用布海苔熬制成的胶将一种和纸粘贴到彩绘层上，并在纸上涂抹一层石膏作依托，待剔除彩绘表面的覆土后完整的彩绘层就被清理出来了，最后复位时需取下贴纸和石膏依托，涂上3%的鱼鳔胶以加强彩绘和俑体间的结合力[27]。秦俑彩绘的保护已被列入世界难题，通过多次试验现已摸索出一些保护秦俑彩绘的办法，但对于整个秦俑彩绘的保护工作来说还需要进一步扩大试验并不断加以完善（图一一～一三）。

2. 细小标本的采集

所谓细小标本是指人的肉眼不易分辨的体积甚小的遗物，如植物的种子、果实，细小的动物骨块、软体动物和昆虫的遗

图一一　陕西临潼秦始皇陵秦俑的清理

图一二　陕西临潼秦始皇陵秦俑彩绘的加固

图一三　保护后的陕西临潼秦始皇陵彩绘俑

骸等。虽多属自然物，但与人类的活动有关，有的更是人类活动的产物。关于细小标本的提取，主要采用浮选的方法。浮选法，也称水洗法。它主要是利用水或比重更大的液体对泥土的溶解分离作用，使微小的遗物漂浮于液体的表面，从而达到富集筛选的目的。浮选法从 20 世纪 60 年代起流行于欧洲等地，我国从 20 世纪 90 年代开始尝试将这种方法应用于考古遗址的发掘。

（1）动物遗骸的采集

一般的动物标本的采集，应该同陶器、石器等人工遗物的处理一样，按照探方、地层、遗迹等单位进行采集和记录。对于细小的动物骨骼则主要通过水洗浮选的方法进行采集。

银洲遗址位于广东省三水市白坭镇，是一处比较著名的贝丘遗址。1991 至 1995 年，由广东省文物考古研究所和北京大学考古学系组成的联合考古队对该遗址进行了发掘。发掘时，按照柱状取样法在探方内划定了 50×50 厘米，作为关键柱保留，待探方的其他部分全部清理完后，再对这个关键柱自上而下按一定厚度逐层采集全部土样，直到生土。这个范围内贝壳堆积的深度约为 1.8 米，以 5 厘米的深度为一层，共取了三十六层。再用尺寸分别为 5、2.5、1 毫米的三种筛子按层对全部土样进行水洗筛选[28]。这种方法犹如统计学中“等距抽样调查”，可以全面提取柱状体内的遗物。水洗筛选的结果表明，该遗址在较早期的堆积中文蛤的数量较多，以后逐渐变为以蚬为主，到了晚期则出现石螺较多的现象。从贝类的生态特征看，文蛤生存在盐度较大的环境，蚬则对淡水的需求较大，而石螺只能生存于淡水之中。由此可以推知，在一定的时间里遗址周围环境曾发生过一个比较明显的变化，即从古代人类生活于此地开始，到废弃这个地方为止，海水有过一个较大范围的后退过程。

1995 年，中国社会科学院考古研究所对胶东半岛北岸的蓬莱大仲家、福山邱家庄、牟平蛤堆顶等三处代表性贝丘遗址进行发掘时，采用同样的方法采集了各遗址关键柱中的土样，经过水洗筛选，获得了丰富的贝类、鱼类和其他小动物的资料[29]。这些动物遗骸的发现是用一般的考古发掘方法所得不到的。

（2）植物遗骸的采集

植物遗骸的提取方法通常采用筛选法和水洗法。筛选法使用不同规格尺寸的筛子筛选，操作方法简单，但效果不佳，尤其不适用于对细小遗物的提取（图一四）。水洗法则是将土样放入水中通过搅动使植物遗骸飘浮在水面上提取之，比较适宜从泥土中拣选出肉眼难以分辨的植物籽粒等细微的遗物（图一五）。

1992 年在河南汝州李楼遗址发掘中，中国社会科学院考古

图一四　湖南道县玉蟾岩遗址使用筛选法的场景

图一五 广西桂林甑皮岩遗址使用水洗浮选法的场景

研究所曾尝试使用平面取样的方法，选择了三个探方中的两个典型灰坑和上下三个层次的灰土采集土样[30]。平面取样法类似于统计学中的"整体抽样调查"，即将所选择层位或灰坑的全部土样进行水洗浮选，以获得整个平面的全部资料。该遗址的土样经过水洗筛选后，意外地发现了百余粒炭化稻米和小米、高粱等粮食作物的籽实，从而增加了人们对遗址生态环境的认识。在山东日照尧王城龙山文化层，通过水洗浮选亦获得了十余粒炭化粳稻籽实，这些籽实成为山东龙山文化遗存中人工栽培稻的唯一籽实证据[31]。

浮选法作为田野考古发掘的辅助手段之一，不仅对于考古学自身的研究，而且对于古代生态环境和农业起源与发展的研究，都具有重要的意义。

3. 测试标本的采集

田野考古所涉及的资料十分广泛，除了人工制品和人类活动的产物及与人类活动有关的自然物外，还包括通过仪器测试才能提供信息的遗存，诸如花粉、植物硅酸体等。随着自然科学的发展，各种新的测试技术不断被引入考古学研究领域，为获取物质遗存中潜在的或辐射的信息提供了保证。采集测试用的标本时，其方法与一般遗物采集有很多共同之处，但也有一些特殊性。采样点的选择及样品数量取决于考古发掘的目的与考古研究的需要来进行。

（1）放射性碳素测年标本的采集

利用放射性碳素测年的方法可以有效地从遗物推断遗迹的绝对年代。放射性碳素测年标本的采集范围较广，只要曾经是生物，无论动物、植物都可以。常见的标本有木炭及炭化物、木制品、草、布帛、贝壳、骨骼和毛发等。采样量一般纯净的炭最低为 10 克左右，木炭则需 15 克以上。虽然有的实验室使用加速器技术可以测定很微小的样品，但多数常规放射性碳素实验室需要至少 5 克以上的炭才能产生一个可靠的年代数据。而许多有机质实际上仅含有微量的炭，这样就需要相当多的材料才能产生一个年代数据。所以在野外工作中必须充分估计到保证测年所需样品的量，并采集足够的测试材料。

北京大学和中国科学院地质研究所曾在河北徐水南庄头遗址系统采集了三批碳十四样品[32]。第一批样品是 1986 年调查和清理过程中在 T1 采集的，第二批样品是 1987 年试掘时在 T2 采集的，第三批样品是 1989 年在 T1 东约 1 米处采集的。所采集的样品种类可分为两类：一类为淤泥，另一类为木头、木炭。经测定南庄头遗址的年代应在距今 10510 年至 9700 年之间，可知该遗址与采集样品共出的陶片是目前我国北方地区考古发掘所得的最古的陶制品。

由于同一考古单位和同一地质体中不同含碳样品的碳十四年龄并非一致，所采集的标本必须说明标本所处的深度和周围的环境，附近是否有其他时代的炭化物，以及这些炭化物是否有混入标本的可能性等。

（2）孢粉分析标本的采集

只要曾经有植物生长过的遗址，就会在土壤中留下孢粉。采集标本时，要尽量把含有孢粉的土壤保持原状装入袋中，以防止周围生长的植物孢粉混入。取样的方法通常是分层进行，其最低量因含孢粉状况而定，一般多为边长 5 厘米的立方体。若能了解遗址孢粉的种类及各个种类所占的比例，就可以复原当时周围的环境景观和气候状况。而研究采自具有相互叠压关系的各自然堆积地层的孢粉，还可以了解不同时代的变化。

1962 年中国社会科学院考古研究所发掘西安半坡遗址时，首次采集了孢粉分析标本。采集点选择在一处保存最完整的一个剖面上，该剖面自上而下可分为八个层位。采集前剥去表层浮土，在遗址的原来堆积中，每隔 0.1 米采取一个样品，共采集样品二十八块[33]。西安半坡遗址孢粉标本的采集，为我国考古遗址的孢粉分析开了先声。

1989 至 1990 年，西北大学文博学院同中国科学院西安黄土与第四纪研究室合作，系统地采集了案板遗址的花粉分析样品[34]。案板遗址位于陕西扶风县，是一处面积较大、文化层堆积较厚、延续时间较长的遗址。采集地点选择在张家壕和傍龙寺附近的断崖上，考古人员切出新鲜剖面，进行系统采样。

其中傍龙寺的剖面分四层,第一层为淡黄色砂质土,为近现代堆积,自上而下采集样品两块;第二层为灰褐色亚砂质黏土,为新石器时代仰韶文化堆积,自上而下采集样品七块;第三层为黑垆土,不含文化遗物,自上而下采集样品二块;第四层为淡黄色土,自上而下采集样品三块。在傍龙寺和张家壕剖面所采集的样品,除个别含花粉量较少外,大部分样品的花粉含量甚为丰富,为分析遗址古植被和古环境的变化以及建立这一地区史前古气候的序列提供了实物资料。

(3)植物硅酸体分析标本的采集

植物硅酸体又称植物蛋白石和植硅石,它们产生于植物的外层细胞组织中。通过对植物硅酸体的分析,可以判断植物的种属。标本的采集方法主要有按地层堆积分层取样和按地层堆积的不同深度取样两种方式。按地层堆积分层取样的方法可以全面地了解当时的植被情况,而按地层堆积的不同深度取样的方法则可以了解不同时期的变化情况。

江苏高邮周邶墩遗址是采用按地层堆积分层取样的方法进行采样的。在该遗址共采集八个样品,自下而上编号为 A~H,其中在生土层采集样品二个(A、B),在第一类文化遗存采集样品四个(C、D、E、F),在第二、第三类文化遗存各采集样品一个(G、H)[35]。经过分析,在三类文化遗存中均发现了水稻植物硅酸体。

山东牟平县蛤堆顶贝丘遗址则是采用按地层堆积的不同深度取样的方法采样的。该遗址分上、下两层,在上层土样中发现了大量谷子壳的硅酸体,而在下层土样中却没有发现一片谷子壳的硅酸体[36]。

安徽蒙县尉迟寺遗址分别采用了上述两种方法来采集土

样[37]。按地层堆积分层取样的第一组样品，来自 T4111 的 1～
8 层，该探方 1 层为耕土层，2 层为扰土层，3、4 层为龙山文
化层，5～8 层为大汶口文化层。其分析结果表明：谷壳硅化
表皮碎片的含量在第 6、7 层最多，其他地层中含量很少，第
3 层的含量最少；水稻壳的硅化表皮碎片的含量在第 7 层很
低，第 3 层却很高。按地层堆积的不同深度取样的第二组样品
从 T3627 地表下 30 厘米始，每 15 厘米作为一个采集点取一个
土样，共采集十一个样品，该探方 1.2 米以下属于大汶口文化
堆积，以上属于龙山文化堆积。分析结果表明：谷壳硅化表皮
碎片在 1.2 米以下的含量明显高于 1.2 米以上层位，其中 1.65
米和 1.8 米的样品含量相当高；而 1.2 米以上土样中水稻壳的
硅化表皮碎片的含量明显高于 1.2 米以下，含量最高的是在
0.9 米和 1.05 米处采集的样品。

　　考古测试标本的采集种类还有很多，如热释光测定的标
本、土壤微形态分析标本等等。各种标本采集方法的选择，应
取决于考古发掘的目的及所提出问题的性质。一般来说，按地
层堆积分层取样便于全面地了解遗址当时的整个情况，而按地
层堆积的不同深度取样则可以了解遗址不同时期的变化情况。

注　释

［1］张宏斌等《遥感技术在明中都遗址勘测工作中的应用》，《文物保护与考古
　　　研究》1991 年 3 卷 2 期。

［2］宋德闻等《昭陵古墓葬遗址遥感解译和定位的研究》，《文物》1992 年第 7
　　　期。

［3］丁邦钧等《遥感技术在寿春城遗址考古调查中的应用》，《科技考古论
　　　丛——全国第二届科技考古学术讨论会论文集》，中国科学技术大学出版社

1991 年版。

[4] 煤田航测遥感中心等《秦始皇陵园的摄影测量与遥感工程》,《文物》1990 年第 7 期。

[5] 刘建国《环境遥感在城址考古中的应用初探——汉长安城环境遥感考古的尝试》,《考古》1996 年第 7 期。

[6] 曾朝铭等《北京地区长城航空遥感调查》,《文物》1987 年第 7 期。

[7] 肖梦龙等《遥感技术在考古学上的运用》,《文物天地》1989 年第 3 期。

[8] 刘建国《新疆高昌、北庭古城的遥感探查》,《考古》1995 年第 8 期。

[9] 张寅生《一种考古勘探的新技术——应用电阻率法勘探地下文物》,《文物》1987 年第 4 期。

[10] 闫桂林等《高精度磁测在考古勘探中的应用》,《文物保护与考古科学》1993 年 5 卷 1 期。

[11] 同 [10]。

[12] 申斌等《应用物化探方法研究殷墟遗址》,《华夏考古》1988 年第 2 期。

[13] 朱俊英编著《考古勘探》,科学出版社 1996 年版。

[14] 常勇等《秦始皇陵中埋藏汞的初步研究》,《考古》1983 年第 7 期。

[15] 同 [12]。

[16] 中国河南省文物考古研究所、美国密苏里州州立大学人类学系《河南颍河上游考古调查中运用 GPS 和 GIS 的初步报告》,《华夏考古》1998 年第 1 期。

[17] 俞伟超《十年来中国水下考古学的主要成果》,《福建文博》1997 年第 2 期。

[18] 同 [17]。

[19] 张威《辽宁绥中元代沉船调查述要》,《中国历史博物馆馆刊》总 24 期。

[20] 胡家喜等《古代青铜器腐蚀后的加固和修复》,《江汉考古》1987 年第 3 期。

[21] 王振江《考古发掘中彩绘木器的清理和起取》,《考古》1984 年第 3 期。

[22] 中国社会科学院考古研究所技术室《妇好墓出土象牙杯的现场保护和修复》,《考古》1989 年第 3 期。

[23] 中国社会科学院考古研究所技术室《安阳殷墟西区孝民屯南地 M1613 车马坑的起取和组装》,《考古》1984 年第 9 期。

[24] 李宏伟《辽宁北票莲花山辽墓壁画的揭取》,《考古》1988 年第 7 期。

[25] 徐毓明《北周李贤壁画墓的揭取和修复新技术》,《文物保护与考古科学》

1990 年 2 卷 1 期。

[26] 张孝绒《五代冯晖墓壁画揭取技术总结》,《考古与文物》1994 年第 6 期。

[27] 何帆《秦俑坑土壤中遗留彩绘层的揭取和复位方法》,《考古与文物》1995 年第 6 期。

[28] 银洲遗址联合考古队《柱状取样法在贝壳遗址发掘中的应用》,《中国文物报》1995 年 6 月 25 日。

[29] 袁靖、焦天龙《胶东半岛的贝丘遗址和环境考古学》,《中国文物报》1995 年 3 月 25 日。

[30] 吴耀利《水洗法在我国考古发掘中的应用》,《考古》1994 年第 4 期。

[31] 中国社会科学院考古研究所《尧王城遗址第二次发掘有重要发现》,《中国文物报》1994 年 1 月 23 日。

[32] 原思训等《南庄头遗址^{14}C 年代测定与文化层孢粉分析》,《环境考古研究》（第一辑），科学出版社 1991 年版。

[33] 周昆叔《西安半坡新石器时代遗址的孢粉分析》,《考古》1963 年第 9 期。

[34] 王世和等《案板遗址孢粉分析》,《环境考古研究》（第一辑），科学出版社 1991 年版。

[35] 萧家仪《江苏高邮周邶墩遗址古稻类植物硅酸体分析报告》,《考古学报》1997 年第 4 期。

[36] 同 [31]。

[37] 王增林等《尉迟寺遗址硅酸体分析——兼论尉迟寺遗址史前农业经济特点》,《考古》1998 年第 4 期。

二　古代环境的探讨与考古学

研究的深化

人类社会的发展不是孤立进行的，而是在与周围自然环境相互作用中进行的。人类自从诞生的那一刻起便同自然环境有着密不可分的联系，可以说环境与人类的关系是人类历史发展的主题。那么，揭示人类及其文化形成的环境因素，探索历史上环境变化与人类文化发展之间的关系也是考古学永恒的研究课题。

人类与环境的关系很早就引起考古学家的重视，因为考古学研究的目的是通过实物资料来揭示人类社会发展的规律，而人类社会越是在其早期阶段受环境的制约越明显，所以考古学家需要把文化放在其特定的环境中来考察，即把人类遗迹的演变历史与该地区的气候、地貌、植被和动物群的演变历史结合起来。如果缺乏社会环境变化和自然环境变化方面的知识，很难客观地认识文化变化的原因。20 世纪 30 年代以来，随着人们对当代生存环境及其相关生态问题的兴趣的不断增长，对于古代环境及相关生态问题的探讨也越来越重视了。人们想知道更多的有关人类对环境变化反应的信息，了解历史上人类对这些变化所起的作用以及在具体的某个区域内人类的活动与特定因素的关系等。

诚然，仅仅把注意力转移到环境上是远远不够的，还必须有新的技术保证把潜藏于考古材料中的环境信息提取出来分析才行。于是，考古学开始利用自然科学的成果和方法，从多学科、多角度来探讨与人类古文化发展相联系的诸种环境因素。

（一）植物分析与农作物起源研究

在人类历史的发展过程中，由于自然环境的制约，人类的不同食物取向和获取食物的各种方法，直接决定了人类的生活方式和社会经济形态。从史前考古学研究的观点看，正是栽种植物这一巨大的发明，使人类从野蛮的圈子中脱离出来迈向有文字的文明世界。从这个意义上讲，栽种植物确实是人类进步最重要的标志之一。随着耕作技术的发展，用于耕地、收割的工具成为越来越重要的研究资料。可是在栽种农作物的最初阶段却并非如此，庄稼未经精心地耕种就可能成长起来，而用于收割农作物的工具和用于采集野生植物的工具又往往难以区分。当然推定耕作的起源、传播和发展的最直接的证据，莫过于植物遗存所显示的栽种痕迹以及农业生产和人类居地在形态上的不断变化所导致的生态失调的迹象。不过，植物是有机质的，因此不是任何植物在任何条件下都可以长期保存在考古遗址中的。目前，考古中所发现的古代植物遗存可分为：植物遗骸、植物孢粉和植物硅酸体三大类。由于这三种植物遗存在样品采集与提取技术及种属识别方法上都存在着很大的差别，因此就形成了植物遗存研究的三个不同的领域，即植物遗骸分析、植物孢粉分析和植物硅酸体分析。

1. 植物遗骸的分析

考古发现的野生植物遗骸有：碎木、草籽、果核、硬果壳等；农作物遗骸有：谷粒、谷壳、豆粒、豆荚、薯块等。古代植物遗存之所以能长期保存下来，主要依赖于特殊的地理环境或偶然产生的保存条件，比如古植物在埋藏过程中经过了人为的或偶发的火的"洗礼"，其炭化了的遗骸方可保存至今。所以，一般考古遗址中出土的植物遗骸大多属于炭化类。

炭化类植物遗骸的识别与鉴定，一般用肉眼或放大镜，必要时也可借显微镜进行观察。对于保存完整或保存有鉴定意义部位的植物遗骸也可直接与植物标本相比较，以确定其属或种。

我国最早发现的农作物遗存可追溯到 20 世纪初期。1921年瑞典人安特生曾在河南渑池县仰韶村遗址进行发掘，在整理陶片时发现一块粗陶片上印有谷粒的压痕，后经德国植物学家艾德曼用灰像法鉴定为稻[1]。在我国所有考古发现的农作物遗骸中，以稻谷遗存最多，据不完全统计，仅新石器时代的稻谷遗存已达百余处。20 世纪 50 年代，在湖北京山屈家岭及天门石家河、武昌洪山放鹰台等遗址的红烧土堆积中都发现了大量的炭化稻谷和稻草遗存。稻谷的品种经鉴定均为粳稻，由此人们推论大约距今三四千年前，江汉平原已有粳稻栽培[2]。20 世纪 70 年代，浙江余姚河姆渡、桐乡罗家角和江苏吴县草鞋山等遗址也发现炭化稻谷遗存，其中河姆渡的稻谷遗存最为丰富，单是 1973 年冬至 1974 年春第一次发掘时，就在第 4 文化层发现约 400 平方米的稻谷、稻壳和稻草堆积，厚度 10 ~ 40 厘米不等，最厚处达 70 ~ 80 厘米[3]。关于稻谷的品种，经鉴定这些遗址的稻谷大部分属籼稻，一部分似粳稻，还有籼稻的过渡类型。过渡类型的出现，表明当时的栽培经过长期的驯化已离野生稻的原始形态较远，因此中国稻作的历史被上溯至距今 7000 年前。20 世纪 80 年代，河南舞阳贾湖遗址和湖南澧县彭头山遗址的发掘，发现了距今 8000 年以前的栽培稻遗存。1993 至 1995 年，湖南道县玉蟾岩遗址先后发现了距今 1 万年前的稻谷遗存[4]，经鉴定 1993 年出土的稻谷为普通野生稻，但有人工干预痕迹；1995 年出土的稻谷为具有栽培稻的特征，兼备野籼、粳的特征，是一种由野生稻向栽培稻演化的古栽培稻类型。这一发现又将我国栽培稻谷的历史提到距今 1 万年前。稻作遗存的不断出土与发现，表明以获取器物为中心的考古发掘正向着尽可能获得更多的信息资料转变，并已经取得了令人欣喜的成绩。

近一个世纪以来，我国考古遗址中已发现了粟、稻、黍、麦、高粱、菽、麻、棉以及蔬菜、瓜果等多种农作物遗骸，这对于研究我国农作物的起源和栽培史，探讨古代农业生产的情况，无疑都具有重要的科学价值。由于这些植物遗骸的出土地点与原生地基本一致，有助于研究植物与遗址或与遗址中某项遗迹、遗物的对应关系，因而植物遗骸的分析在植物遗存的研究领域中的应用是最为普遍。但是考古发掘所获得的植物遗骸尚不很多，它们的发现在很大程度上往往取决于特有的埋藏过程和偶然的保存条件，同时考古发掘也带有一定的偶然性。

2. 植物孢粉的分析

作为繁殖过程，一部分植物会产生大量的孢粉颗粒，这些颗粒由于其外层裹着一层蜡质，所以永不腐朽；植物孢粉因属（或种）的不同而又有各种可辨形态，这种可保存性与可鉴别性是植物孢粉分析的基本原理。

孢粉是微小物质，须在高倍显微镜下方可观察。通过提取土样标本和在实验室分析处理，可以找到化石孢粉，然后加以辨认。

虽然早在 1897 年丹麦考古学家萨勒佑就开始运用孢粉分

析研究哥本哈根附近冰期后的海底泥炭层，然而孢粉分析在考古学中被广泛地应用乃是 20 世纪 50 年代以后才发展起来的。20 世纪 60 年代初，我国学者首次运用孢粉分析对西安半坡遗址进行初步研究，从这一地区孢粉分析的结果来看，当时的气候属半干旱性气候，与今日该处之气候相仿[5]。1965 年对北京平原上两个全新世埋藏泥炭沼的孢粉分析表明："北京平原上的原始植被为森林与草原兼而有之，并在低湿地区有一些湿生和沼生植被分布。"[6]1989 至 1990 年对陕西扶风案板遗址进行了系统的孢粉采样与分析，根据两处剖面六个地层单位出现的花粉组合特征及花粉图式，共划分出六个花粉组合带，反映了全新世不同时期的古植被和古气候的变化[7]。孢粉分析除了可以重构遗址所处的古代环境和生态关系，还可以揭示农作物栽培和植物资源开采等问题。1972 年对内蒙古察哈尔右翼中旗大义发泉村细石器文化遗址花粉的分析，说明该文化层的植被类似现今的荒漠草原，同时在花粉中未发现过禾本科花粉，故认为当时人类在那种干冷严酷的环境下，不可能有农垦活动，生活的主要来源可能是依靠狩猎[8]。由浙江余姚河姆渡遗址的花粉分析报告得知，在第一期文化遗存中，单孔禾本科的花粉个体均很大，一般为 45 微米，最大可达 56 微米，与现代水稻花粉相似。在孢粉谱中水稻花粉含量很高，最高可达孢粉总量的 70%，因此可以推测遗址沼泽附近的平原地带有垦种的成片稻田[9]。1988 年湖南澧县彭头山遗址孢粉分析的结果表明，第 3 至第 7 层中草本植物含量为 1.25~8.06%，内含有水稻。这些文化层中禾本科花粉数量虽不多，但个体均在 37.5 微米以上，且萌发孔连边缘加厚 10~11 微米，与现代水稻接近[10]。从进化论的观点来看，农作物的花粉在自然和人为选择下，其个体及萌发孔逐渐增大，因而可以确定彭头山遗址的禾本科花粉属于水稻，与河姆渡遗址分析的水稻花粉形态一致。1993 至 1995 年对江西万年仙人洞和吊桶环遗址进行孢粉分析的结果表明，禾本科花粉在遗址全部剖面中有自下而上数量逐渐增加的趋势[11]。在距今约 14000 年至 9000 年左右的上层发现少量 45 微米大小的禾本科花粉，很接近现代仙人洞附近的水稻，为探索我国水稻农业的起源提供了极其重要的线索。

由于绝大多数植物的孢粉都是通过风播的形式运动的，风播孢粉的运动距离长、散布范围广，这就给确定孢粉的原生地带来很大的困难。同时，孢粉的种属鉴定一般仅能达到属的水平，对原始农作物的研究有一定的局限性。孢粉分析的弱点使其在植物遗存考古研究中的地位屈居于植物遗骸分析和植物硅酸体分析之后。

3. 植物硅酸体的分析

植物硅酸体是高等植物的根系从土壤中汲取了一定量的可溶性二氧化硅，经植物输导组织送到茎、叶、花、果实处时，在植物细胞间和细胞内沉淀下来的非晶体质二氧化硅颗粒，又称蛋白石。植物硅酸体细胞在植物死亡后落入土壤中组成了土壤蛋白石颗粒的最主要成分。因其主要成分是硅化物，所以不会发生物理降解和生物腐蚀，易于在各类土壤和地层中富集和保存。植物蛋白石的形态很有特征，可以根据其形状来判断产生这些植物蛋白石的母体植物。

植物的硅酸体细胞是微小遗存（2～200 微米），其散布在考古遗址的土壤中。采样方法通常按照一定的间距在遗址的剖面进行柱状采样或在一个遗址的同时期但空间上不连续的区域内水平采样。对于采回的样品需要使用科学的手段将植物蛋白石从土壤中分离和提取出来。植物蛋白石的提取方法尚处于不断探索之中，现行的各种方法均以重水漂浮为基本手段。根据对土壤颗粒的分析，蛋白石的比重为1.5至2.3之间，较一般的土壤颗粒2.65的比重轻。因此选用一种比重为2.3左右的重液即可将植物硅酸体从其他土壤颗粒中分离出来。把分离出来的植物硅酸体标本烘干、制片后，就可以放到生物显微镜下观察了。

20世纪初欧洲学者开始尝试用植物硅酸体分析研究早期农作物，但由于提取技术的不完善和种属鉴别标样的缺乏，半个多世纪以来这种方法在考古学中的应用基本处于停滞状态。从20世纪60年代末开始，植物硅酸体分析主要被用于考古遗址的古生态环境和农业起源的研究等课题。日本学者最早使用植物硅酸体分析对史前遗址中的水田遗存进行研究，并创造了一种鉴别稻作土壤的技术，为考察稻作农业由亚洲大陆向日本列岛传播拓展了新的途径。步入20世纪80年代，这种研究方法传入中国以后，在中国考古学研究中显示出很大的应用价值。

1987至1988年江苏吴江龙南遗址出土了大量炭化稻谷，从考古学角度可以说明当时该地已经有从事稻作来获取生活必需食物的迹象，但从研究稻作起源来说，尚无法判断该地开始稻作的最早年代，也难以确定所栽培的稻作属于哪一亚种。为了解龙南遗址的先人在何处种植稻谷以及该地进行稻作的最早年限等问题，研究者在遗址的A、B、C三点分别采集了土样。除A点历史上地面高于B、C两点而不宜作为水稻田外，B、C两点各土层的厚度和分布的深度都非常一致，具备了作为农田的基本条件。对这两点各层土样进行植物蛋白石分析的结果，在 1～4 层中都观察到了水稻植物蛋白石。经过分类统计，发现水稻的蛋白石有两种类型，其中绝大多数是 B 型[12]。据此可以推测出龙南遗址的先人在良渚文化时期开始种植水稻，当时种植的品种系粳型水稻。1993 至 1996 年江苏高邮龙虬庄遗址的第 4 至第 8 层均发现了大量炭化稻谷，为了进一步弄清龙虬庄遗址原始稻作农业发展演化的过程，对遗址第 4 至第 8 层的水稻植物蛋白石作了分析研究[13]。根据定量分析和形态分析的结果，推论龙虬庄遗址原始稻作是从第 8 文化层堆积时就开始的，第 8 文化层的稻作则是由该遗址以外的其他地方传播来的。龙虬庄遗址的原始稻作在从距今 7000 年前开始，至距今 5500 年为止的 1500 年间得到了持续稳定的发展，所栽培的水稻类型主要为粳稻类型。1993 年和 1995 年两次对江西万年仙人洞遗址和吊桶环遗址进行了取样调查，在这两处洞穴的上层，即大约距今 14000 年至距今 9000 年的层位中发现有类似人工栽培稻的扇形体[14]，从而为探索我国稻作农业的起源提供了极其重要的线索，也昭示出华南地区在中国乃至世界稻作起源的研究中具有不可忽视的地位。

从 20 世纪 90 年代开始，我国学者与日本学者协作应用植物硅酸体的分析方法，对长江下游地区的稻田遗迹实施了调查。经过采样分析，确证江苏草鞋山遗址马家浜文化层中的浅坑属古稻田[15]。无独有偶，继草鞋山马家浜文化的稻田被发现后，在湖南澧县东溪乡城头山遗址汤家岗类型文化层中也发现了稻田和人工灌溉设施[16]。毋庸置疑，植物硅酸体分析在恢复考古遗址的古生态环境与研究栽培植物的起源和扩散以及农业系统的发展等方面确实具有不可忽视的重要作用。

由于植物硅酸体具有产量高、抗风化和便于鉴定等特点，在植物遗存的考古研究中植物硅酸体分析已成为一个最具有发展前途的研究领域。当然，植物硅酸体分析的最大薄弱环节在于某些植物并不具有从土壤中吸收硅元素的能力，因此就不会产生硅酸体细胞，如豆类、薯类植物。根据应用的结果来看，植物硅酸体分析对于禾本科植物硅酸体的分类、识别和鉴定进展得较为顺利，而对于木本科植物硅酸体的分类、识别和鉴定难度较大。有意思的是，孢粉分析恰恰长于木本植物而弱于草本植物。因此，在早期农作物和复原古代生态环境的研究中，只有将植物遗骸分析、植物孢粉分析和植物硅酸体分析三者结合起来同步进行，以互补长短，才能够获得比较全面的有关古环境和农业历史方面的信息。

此外，各种植物由于光合作用产物演化方式不同，质谱测定其碳十三的丰度略有差异，可分为三种类型，分别称作 C_3、C_4 和 CAM 植物。人类主食中的稻米为 C_3 植物，玉米、小米、高粱为 C_4 植物。人类和动物直接或间接地摄食各种植物形成各自机体，通过对古人类和动物骨骼残骸中碳十三的测定，就可以了解古代人类的食谱和动物摄食习性的讯息，从而探讨古代农作物的种类及农业的起源等问题。我国学者从 20 世纪 80 年代开始涉足这方面的研究，已对黄河流域地区新石器时代仰韶文化和龙山文化诸遗址中的人骨进行了测定[17]，其结果基本上与考古发现是相符合的，证明碳十三测定方法的应用对我国古代农业起源的研究无疑是有裨益的。

（二）动物鉴定与家畜起源研究

驯养动物同栽培农作物一样，被誉为人类自学会用火以来最伟大的经济革命。它标志着人类对周围动物的态度发生了根本的变化，这种变化促成了一种全新的人兽共存关系——即为了猎获和占有动物而去保护、饲养和驯化它们，其结果从掠夺转向生产，从一种相对消极的自然观转变为一种积极的能动的自然观。动物遗存是考古堆积物中最重要的生态指示物之一。考古发现的动物遗存大都是遗址、墓葬、窖穴、垃圾坑等单位出土的动物遗骸，这些动物遗骸通常被认为是当时居住在这里的人们所猎获或驯养的对象。根据动物遗骸所建立的群体谱系，不仅可以了解古代人类居址附近的气候条件和生态环境条件，还可以了解古代居民狩猎、渔捞活动的范围、频度、主要品种以及家畜的起源和驯养的历史，进一步探讨古人类与动物之间的相互关系。

　　动物鉴定一般采用简便的观察、测量与统计的方式，还可以借助现代科学技术的方法，如利用显微镜、X 射线衍射仪等直接观察动物骨骼化学成分上的差异，来识别家畜和野生动物。动物遗骸的研究方法，大体可分为动物种属鉴定、最小个体数确定和年龄结构分析等。

　　1. 动物种属的鉴定

　　按照生物学界的分类系统地鉴定各种动物的种属，是定性研究最基本的内容。种属鉴定的方法，通常依照可对比的标本来进行。对比标本主要包括三类：一类是现生动物的标本；另一类则是古动物化石标本；还有一类是将遗址中出土的已经确认了种属的完整或接近完整的古动物骨骼作为标本。目前关于家畜鉴定的方法，主要通过体质特征来进行甄别，如牙齿的杂食化、体型的小型化等等。通过动物种属鉴定，可以对驯养的及可能驯养的动物和狩猎来的动物作分类比较，进而了解遗址周围动物群的全貌。

1928 年早在安阳殷墟遗址发掘之初，发掘者便对动物遗骸予以特别的注意，因而所获甚丰。经法国学者德日进和中国学者杨钟健的研究，殷墟遗址出土的哺乳动物有二十九种，可分为三群：即土著野生群、家畜群、非本地移入群，而家畜群包括狗、猪、羊、山羊（或四不象鹿）、牛、圣水牛等，其研究结果发表在《中国古生物志》丙种第十二号第一册《安阳殷墟之哺乳动物群》中。殷墟遗址哺乳动物的鉴定，可以说是中国用考古资料探讨家畜起源研究的起点。20 世纪 60 年代初，在陕西西安半坡遗址中发现了猪、牛、羊、斑鹿、獐、马、狗、狐獾、貉、狸、松鼠、田鼠、野兔、短尾兔等哺乳动物以及鱼和鸟类。从头骨较小、额骨突、肉裂齿小和下颌骨水平缘弯曲等情况看，狗的驯养已经很久了。猪也可以肯定是家畜，至于羊、牛和马三种动物尚不能肯定是家畜。据碳十四测定的年代数据，大体距今 6500 年以前，当时的人类已经驯养了狗和猪[18]。西安半坡遗址动物骨骼的鉴定，为新石器时代动物遗存的研究开了先河。20 世纪 70 年代以来，广西桂林甑皮岩、江苏常州圩墩、浙江余姚河姆渡和桐乡罗家角、山东泰安大汶口和兖州王因、河北武安磁山、河南淅川下王岗和新郑裴里岗、陕西临潼姜寨等一批重要的史前时代遗址都发现了大量的动物遗骸，其中包括各种家畜的遗存。在距今 10000 年前左右的广西桂林甑皮岩遗址鉴定出猪、羊、牛、鹿、豪猪、麂、猴、亚洲象、鱼、龟、河蚌、田螺等动物遗骸[19]。据猪标本中犬齿数量不多、门齿一般较细弱等特征分析，甑皮岩遗址出土的猪已显示出在人类驯养条件下的体质形态变化，这是已知中国南方地区最早的家畜遗存。在距今 8000 年前的河北武安磁山遗址发现了二十余种动物骨骸，从头骨及下颌骨的特征和测量数据看，狗、猪可以肯定属于家畜，据跗撖骨的长度和性别比较，鸡也很可能是驯养的早期家鸡，它们是已知中国黄河流域地区最早被饲养的动物[20]。在距今大约7000年前的浙江余姚河姆渡遗址中共鉴定出四十七种动物骨骼，其中哺乳类有二十七种、鸟类有八种、鱼类有八种、爬行类有三种、软体动物有一种，像这样种类繁多的动物遗骨在已知的新石器时代遗址中还是十分少见的[21]。在这些动物中猪和狗可以确认为家畜，水牛也可能是驯养的。作为长江流域较早的家畜品种，该遗址的水牛仅晚于距今8000年前的江西万年仙人洞遗址的水牛，但两者的水牛都仅能鉴定到水牛属，还不能肯定是家水牛。不过，水牛的遗存无论在长江中游地区的大溪文化和屈家岭文化，还是长江下游地区的马家浜文化、崧泽文化和良渚文化的诸多遗址中都比较常见，因而推测水牛在长江流域开始饲养的年代至迟当在河姆渡文化时期。在距今六七千年前的陕西临潼姜寨遗址，根据猪泪骨的形态和狗的体型特征，可以肯定猪和狗是毫无疑问的家畜，可能属于家畜的还有黄牛和梅花鹿，它们是黄河流域地区的人们根据生产和生活的需要已经驯化、正在驯化或刚刚开始驯化的动物[22]。在距今6000年前的内蒙古敖汉旗赵宝沟遗址，也发现猪和狗等人类饲养的动物，可知早在距今6000年以前中国北方地区业已有了家畜[23]。另外，羊的遗骸，在距今8000年前的河南舞阳贾湖遗址已经发现，但羊鉴定到种的证据还不太充分。明确的山羊骨骼出土于甘肃武山傅家门遗址石岭下类型的遗存之中，年代距今约5500年至5000年前后[24]。马类的遗骸，早在周口店旧石器时代遗存中已被发现，在西安半坡遗址中也有发现，因材料太少尚不能鉴定到种，不足以说明是当时人类所驯养的动物。据报道山东历城城子崖和河南汤阴白营等龙山文化遗址中出土过家马骨骼[25]，陕西华县南沙遗址龙山文化墓葬区还发现了两副完整的马骨架[26]。在云南剑川地区新石器时代晚期的遗存中也出土过马骨[27]，结合云南洱海流域和红河流域的新石器时代晚期至铜石并用时代的墓葬中曾出土过马饰的情况看，这些发现所表明的并非马类圈养的初级阶段，当是马类驯养的高级阶段。

据种属鉴定研究可知，早在新石器时代人们就已经饲养了猪、牛、羊、马、狗、鸡这六种家畜。其中秦岭、淮河以南地区，包括长江中下游、闽粤沿海和西南地区，主要家畜是猪、狗、鸡和水牛，可能还有马等；秦岭、淮河以北地区，包括中原、黄河下游和辽东半岛地区，主要家畜有猪、狗、鸡、黄牛、羊和马等。

2. 最小个体数的确定

通过对各种动物骨骼作数量统计，得出每种动物的最小个体数是定量研究的重要手段。关于动物遗存量的数据，不仅包括各类出土动物的种名，还包括每种动物骨骼出土的部位、左右的差别及其数量等方面的信息。确认动物最小个体数的方法是统计一个种或属所有的动物骨骼部位，以数量最多的作为它的最小个体数。通过对遗址中已经鉴定到种或属的每种动物进行最小个体数的统计，可以大致了解哪一种野生动物是古代人驯化或狩猎的主要对象以及一个遗址中猎取野生动物的数量与家畜数量的比例。

最小个体数的统计最早被用于姜寨遗址的动物群研究。姜寨遗址位于陕西省临潼县境内渭水支流临河东岸的低阶地上，

1972 至 1979 年经过十一次发掘，发现了仰韶文化半坡类型、史家类型、庙底沟类型、半坡晚期类型和客省庄二期五个时期的文化遗存。从第一、二、四、五期文化层中采集到大批动物骨骼标本。在二十九种动物中属于家畜的有狗、猪，可能还有牛和梅花鹿。据统计，梅花鹿和鹿骨的骨骼总数为一千五百七十六件，猪的骨骼为六百七十四件，牛的骨骼为八十六件。从出土骨骼的数量上看，梅花鹿和鹿是姜寨遗址动物中最多的一种，猪其次，牛再次；但从最小个体数来看，梅花鹿和鹿骨分别是八十五和三十七，牛的最小个体数只有六，而仅在一期文化层的猪类骨骼中就有八十五件左侧下颌骨，可以此作为它的最小个体数，这样看来，猪是姜寨遗址中个体数量最多的一种动物，梅花鹿的个体数则次于猪而位居第二[28]。大量的同一种动物骨骼出土于一个遗址中，无疑表明这里的环境适于这种动物的驯化，同时也在一定程度上反映了这种动物在人们经济生活中的地位。20 世纪 80 年代中期在河南舞阳贾湖遗址鉴定出三十八种动物，以家猪的材料最多，在一百余件猪骨骼中，据右下颌骨统计其最小个体数为二十三，位居所有动物个体数量之首，几乎在所有的居住址遗迹里都可见到残碎的猪骨，似乎表明猪的饲养可能已成为当时人们日常生活的一部分和主要的肉食来源之一[29]。据河南渑池班村遗址裴李岗文化至战国时期四个文化层所属的各类动物的最小个体数百分比的统计可知，猪在全部动物中所占的百分比在裴李岗文化时期是 50%左右，到了仰韶时期庙底沟文化阶段以后增加至 70% 以上，而梅花鹿和鹿科动物在全部动物中所占的比例却随着时间的推移呈现出逐渐减少的趋势[30]。据上海闵行马桥遗址动物骨骼最小个体数的统计，良渚文化层猪八头，占可统计动物的

50%；梅花鹿三头，占 19%；小型鹿科动物二头，占 13%；麋鹿一头，占 6%；狗一只，占 6%；牛一头，占 6%。马桥文化层梅花鹿一百零一头，占可统计动物的 37%；小型鹿科动物七十九头，占 29%；猪五十头，占 18%；麋鹿二十六头，占 9%；狗六只，占 2%；牛二头，占 0.7%[31]。从该遗址两个文化中各类动物的最小个体数及百分比可以看出，自良渚文化到马桥文化，猪、狗、牛的数量由多至少，而梅花鹿和小型鹿科及麋鹿的数量却由少至多。同一遗址不同文化时期出现的动物比例上的差异，或许可以反映出当时古代人类在家畜驯养活动和获取肉食来源等方面的某种变化。从甘肃武山傅家门遗址石岭下和马家窑两个文化类型中动物种类组合的百分比统计结果来看[32]，各类动物在两个文化类型里并没有明显的区别，或许说明这两个文化类型的人们在肉食结构上没有大的差别，他们在狩猎和家畜饲养方面的生产活动是比较接近的。

通过对遗址中不同时期或不同文化类型里各类动物最小个体数的汇总及各类动物的最小个体数在总数中所占比例的研究，无疑为探讨人类不同阶段及或不同文化类型的经济生活结构提供了重要的资料。

3. 年龄结构的分析

利用牙齿萌出、形成及磨蚀等状况鉴定出死亡时期是分析动物年龄结构的主要方法。由于家畜体质特征的变化要经过较长时间的驯养才能完成，而依靠体质特征的变化所确认的家畜远远不能反映其驯化的初始年代。弥补这一缺点的方法就是通过年龄组合来判别一组动物是否正处于驯化之中。当遗址中幼畜的骨骼占较高比例时，通常被设想为家养，因为未成年的动物大量死亡不是野生动物生长的自然现象，当时的人们也不可能在较短时间内一下子猎获那么多的幼畜，并一次将其大批杀死。

据统计，我国广西桂林甑皮岩遗址出土的猪骨个体数为六十七，在可鉴定年龄的四十个个体中，一岁以下的个体有八个，占总数的 20%；二岁以上的个体有六个，占 15%；一岁到二岁之间共有二十六个，占 65%，而未见到一枚牙齿磨蚀严重的老猪牙。这种年龄结构所反映的情况，只能是人类有意识饲养和宰杀的结果所致[33]。这一结论已为学术界所接受。类似的年龄结构在已经确定为家畜的遗址中也是屡见不鲜的。浙江余姚河姆渡遗址、陕西临潼姜寨遗址及内蒙古敖汉旗朱开沟遗址这三处我国新石器时代遗址出土的家猪无一例外地均以未成年猪为主（表四），而日本绳纹时代贝丘遗址出土的野猪年龄结构则参差不齐且以成年、老年的猪占有相当大的比例。由此不难看出，在猪被屠宰的年龄方面人类的选择性起了一定的作用[34]。长期以来，鹿科动物一直被看作人类狩猎的对象，通过对姜寨遗址梅花鹿下颌牙齿萌发及磨蚀情况的观察，发现在三十件标本中，小于二岁的个体五个，占 17%；二至二岁半的个体六个，占 20%；二岁半至三岁的个体十二个，占 40%；三岁至三岁半的个体三个，占 10%；三岁至四岁的个体一个，占 3.3%；四至四岁半的个体二个，占 6.4%；大于四岁半的个体一个，占 3.3%。野生梅花鹿的一般寿命为十五至二十年，很显然姜寨遗址梅花鹿群的年龄普遍偏小，存在着一个百分比较高的年龄类群，即二岁半至三岁的数量最多，这与家猪的情况有些相似。据此鉴定者推测，当时梅花鹿可能已被驯养或至少已为人类所控制[35]。以梅花鹿的生活习性来看，在某种程度上比野猪更容易驯养，只是猪的繁殖速度较梅花鹿要快得多，因而生活在黄河流域的古人类始终把猪作为第一位的肉用动物。

表四　　　　　　　新石器时代诸遗址猪死亡年龄统计表

遗址名称	未成年		成年		壮年—老年		合计	
	个体数	%	个体数	%	个体数	%	个体数	%
河姆渡	40	54.8	26	35.6	7	9.58	73	99.99
姜寨	44	62.85	14	20	12	17.14	70	99.99
朱开沟	37	66.07	14	25	5	8.9	56	99.97

　　通过年龄结构的分析可知，在野生种群之中不分动物的年龄大小而毫无遗漏被捕获的倾向较为严重，与此相对，在已驯化的动物中幼兽所占的比例较高。

　　总之，根据生物进化的理论，驯化乃是历史漫长有特定方向性的进化，要受到特定环境中可驯化的动物情况的限制。一种野生动物从被捕捉、驯化到变成家畜，其骨骼方面的生物形态学变化大都是不明显的，以至于只有将这一过程的开始和结束阶段加以比较时，才能发现一些细小的差异。尽管科学技术的手段和方法日新月异，在现有的分析技术条件下还不能准确地认定出最初被驯化者。不过由于考古学者和动物学者等与之相关学科人们的努力，世界许多地区动物驯化起源的观点已经形成一个相互联系的系统演化理论，而亚洲，特别是中国数以千计的史前遗址为深入研究早期动物驯化问题提供了广阔的天地。

（三）古环境的综合性研究

　　物质遗存是自然地质作用、生物作用和人类文化活动的综合产物。其内涵极其丰富，正像不同学科能够从文献史料中摄取自己所需要的研究信息一样，物质遗存也蕴藏着可供许多学科吸取的广泛的信息。要获取更多、更准确的信息，考古学需要各相关学科的帮助。随着涉及多学科或交叉学科的考古调查和考古发掘的日趋增多，古环境研究的内容已贯穿于考古调查的设计、野外调查和发掘、实验室的分析，直到最终有关结论解释的整个过程之中。由于应用于环境研究方面的理论和方法来自不同的学科，考古学在很大程度上要求助于有关自然学科的技术手段，特别是要加强与生态学和地理学等学科的协作，只有这样才能站在更高的层次上探索古环境的奥妙。关于考古遗存古环境研究的内容，主要包括对遗址所处的区域性及地方性自然环境的重建和遗址本身的研究。前者是通过对区域地貌、植被、动物资源、矿物资源、土壤、气候的特征以及演变的调查，分析它们与古人类生存活动的相互关系；后者则是通过对遗址中堆积物本身和其中所包含的生态遗存的研究，来探讨遗址的形成过程以及古人类生存活动对自然环境和自然资源的影响。

1. 气候研究

气候是环境变化的决定因素。一个地方的气候变化，不但决定动植物的分布，还决定整个生态系统及人类文化现象。考古遗址中出土的大量实物资料是古气候信息的重要载体，对有比较确切考古学年代的植物孢粉、硅酸体以及动物骨骼、贝壳等相关遗存进行分析，有助于考古遗址所处的区域性和时期性古气候环境的重建。竺可桢曾主要根据陕西半坡、河南殷墟遗址动物群中发现的竹鼠和山东历城龙山遗址中发现的炭化竹节以及殷墟甲骨文有关下种日期的记载，推论在近五千年中的最初二千年，即从仰韶文化到安阳殷墟时代，是中国的温和气候时代[36]。这一主张极大地推动了我国史前时期古气候的研究。关于我国史前时期古气候环境的探讨，以黄河流域和长江流域两大地区的研究较为系统。

（1）黄河流域地区的古气候环境

这一地区最早的新石器时代遗存以河北徐水南庄头遗址为例。据碳十四测定，南庄头遗址的年代为距今 10500 年至距今 9700 年左右。从该遗址文化层孢粉分析所反映的情况看，这里在全新世之初是浅湖泊环境，气候仍较凉偏干[37]。

距今 8000 年前后的遗存可以河南舞阳贾湖遗址为例。根据该遗址植物群落和动物群落的分析，可将反映气候的因素分为三组。第一组为在我国南北均有分布的广布物种，或目前在贾湖所在的黄淮地区仍有分布的物种；第二组为现今只分布于江淮、江南和华南地区而现在的黄淮地区已经绝迹或基本不见的喜温暖的物种；第三组为现今只分布于北方地区，黄淮地区基本不见的物种。前两组中的动物遗骸以及植物遗骸和孢粉的数量较多，唯第三组中动物只有紫貂一种，发现的植物遗骸较少，孢粉分析又无法鉴定到种一级。所幸的是植物硅酸体的分析结果可弥补孢粉分析的不足，从植物硅酸体分析中发现了主要分布于寒冷地区的齿形硅酸体，表明耐干冷的植物是存在的。从孢粉组合、硅酸体分析和动物群的变化来看，在贾湖聚落形成之前和贾湖三期文化发展过程中，气温和降水量是呈增加趋势的，尤其贾湖二、三期人生活时期当是全新世大暖期中最为暖湿的阶段之一。从喜暖湿类和耐寒冷、耐干旱类植物共存的生物群落来看，贾湖人生活时期的气候特征是冷暖交替、季节分明[38]。

距今 6500 年至距今 5500 年之间的遗存可以陕西临潼姜寨遗址和山东兖州王因遗址为例。在姜寨遗址的孢粉样品中发现了较多的花粉和孢子，从仰韶文化层组合反映的古植被看，当时的气候也属于半干旱性的，但与今天相比较为潮湿和温暖[39]。与之相呼应的是该遗址动物群中猕猴、中华竹鼠、猪獾等喜暖型的动物，一般见于秦岭以南的长江流域，在如今关中地区已不复存在。由此观之，姜寨遗址的气候应是湿润的温暖季风型气候。关于王因遗址形成期的气候，根据遗址出土的扬子鳄、淡水蚌、鱼类、水牛等动物遗存的初步鉴定，当时属于一个较今日为温暖湿润的气候。扬子鳄的遗骸在黄河流域新石器时代的遗址和墓葬中发现较多，唯有王因遗址出土的扬子鳄分类鉴定可以肯定种属，从而确定是当地原产的。扬子鳄现仅存活于长江中下游地区，王因遗址扬子鳄遗存的发现和鉴定，说明新石器时代黄淮平原一带有适于扬子鳄生活的自然条件。反映当时气候较今日温暖湿润的另一重要的证据是大量丽蚌的存在。丽蚌是适应湿热环境的典型淡水群落，现今只存在于长江以南。此外，鱼类中的圆吻鲴、南方大口鲶等种类也是适宜于长江流域生存的鱼种[40]。

距今 5000 余年至距今 3000 年左右的遗存可以河南淅川下王岗遗址为代表。据出土的动物群研究，下王岗遗址仰韶文化层以猕猴、苏门犀、亚洲象、大熊猫等喜暖动物为主，意味着当时是下王岗遗址最温暖的时代；屈家岭文化层出现了猪獾、家猪、斑鹿和狍等动物，其中狍是分布于古北界的种类，显示出气候有变冷的趋势；龙山文化层既有狍的存在，又有水鹿和轴鹿等喜暖动物，显示出气候有回升暖和的倾向；先商和早商文化层有轴鹿、水鹿和苏门羚等喜暖动物，气候同龙山文化时期似乎较为接近；在西周文化层未见偏暖种类的动物，说明气温又有所下降[41]。

（2）长江流域地区的古气候环境

这一地区较早的新石器时代遗存可以湖南澧县彭头山遗址为例。据碳十四测定，彭头山遗址的年代为距今 9100 年至距今 8200 年左右。从孢粉分析的结果看，彭头山遗址文化层中未发现热带植物种类，当时占主要地位的植被是杉木和枫香，说明彭头山文化时期的气温比现在略低[42]。

距今 7000 年至距今 6000 年左右的遗存可以浙江余姚河姆渡遗址为例。据植物孢粉分析，河姆渡遗址第四层主要的树种属于亚热带常绿落叶阔叶林，树上缠绕着狭叶海金沙和柳叶海金沙。这两种海金沙现在只分布于我国广东和台湾以及印度、马来西亚等地，显示当时的气候要比今天更为温暖湿润。遗址动物群中的象、犀牛和红面猴等的存在，也说明当时的气候属于暖和潮湿的热带、亚热带气候[43]。

距今 5500 年至距今 2500 年左右的遗存可以上海青浦崧泽遗址为例。崧泽遗址的文化层分为三个不同时期：上层为春秋战国时期的堆积（距今 2500 年），中层为新石器时代晚期的堆积（距今约 4500 年），下层为新石器时代中期的堆积（距今约 5500 年）。从各文化层孢粉组合所反映的古气候来看，下文化层为湿热的中亚热带气候，当时的地面是大片低洼积水之地，湖沼广布。中文化层上部和底部的孢粉组合有所变化，中层底部的自然环境与下文化层相近，但植被中青刚栎花粉数量减少，反映当时的气温、湿度有所降低；到了中层上部，青刚栎花粉数量又增多，表明附近山地的植被又转变为常绿阔叶、阔叶落叶的混交林，为温热湿润的中亚热带气候，不过湿度比下文化层略低。上层的底部与中文化层上部相近，但常绿阔叶花粉比例较小，属于北亚热带温暖湿润气候；到了上层上部，喜冷凉的柏科、落叶松等花粉增多，气候较目前略凉干[44]。

气候的波动是世界性的。西方学者曾把全新世的气候分为前北方期、北方期、大西洋期、亚北方期、亚大西洋期五个时期，即所谓"布列特—色尔南德尔（Blytt‐sernandr）方案"。我国学者通过对全国各地区许多地方气候因素的研究，认为中国气候变化的规律与欧美等地区相似，大体经历了升温—高温—降温三大时期。其中升温期相当于西方的前北方期和北方期，高温期相当于西方的大西洋期和亚北方期，降温期相当于西方的亚大西洋期。尽管在起讫时间上尚有不同的认识，但从总体上看，全新世温暖期的起讫年代为距今 8500 年至距今 3000 年，这期间是我国气候最适宜期。其中距今 8500 年至距今 7000 年为由冷变暖的不稳定温度波动阶段，距今 7000 年至距今 6000 年为稳定的暖湿阶段，距今 6000 年至距今 5000 年为气候剧烈波动阶段，距今 5000 年至距今 3000 年为气候波动和缓的亚稳定暖湿阶段。

2. 地貌研究

人类是依赖于水土而生存的，地貌的演化对于人类的聚落和各种生计活动有着直接的影响。因此，古遗址的分布状况往往会折射出海面变化、湖河变迁及地震发生的背景。对于古环境的考古学研究来说，揭示古遗存所处地域的地貌特征和地理沿革，可以确定古遗存与自然资源的相互关系以及古遗存间的时空关系，进而有助于了解古人类的各种生存活动，包括居住地点的选择、对自然环境的利用和改造、文化差异的成因等。

（1）古遗存分布与海面的变化

关于天津地区成陆的年代，20 世纪 50 年代以前一般认为较晚，其中地理学者从海面升降理论和对黄河造陆功能出发，认为天津一带到距今 900 年时才成陆地[45]。1956 年考古工作者在天津东郊张贵庄发现了战国墓葬，20 世纪 60 年代以来在天津南郊发现西周时期的墓葬，在天津北郊发现新石器时代的石器。从天津平原北部出土的石器和海生动物遗存各自拥有不同分布范围的情况看，距今五千年前左右天津平原上存在着海相和陆相两种截然不同的地理环境，从石器的埋藏深度看，估计当时的海面大概不会高过现代海面 3 米。低于这个高度的是浅海或潮间带，略高于这个高度的成为沼泽地带。结合这一地区海相沉积层的分布，估计海侵的南界在黄骅、海兴一线，海侵的北界曾一直达到天津宝坻县东北部，而海水西侵的范围已超过天津平原。从西周遗存的分布和贝壳堤的年代推测，天津平原东部沿海一带，至迟在距今 3800 年时已经露出海面[46]。考古遗存的发现及其年代的确定，为帮助了解天津平原的成陆过程提供了可靠的资料。

全新世以来因气候发生多次变化，引起海平面频繁升降，导致沿海地区形成海侵，海岸线多次往复变迁。江苏沿海一带地势低平，对海面的变化尤为敏感。依据江苏境内新石器时代遗址的分布和沿海沉积相的研究，大致可以推测距今 6000 年前、距今 5300 年前和距今 3800 年前这三个时期江苏海岸线的位置[47]。在沿海三角洲平原地区，至少有两个时期出现大面积的文化空白区和文化层堆积多有缺失及间断的现象，一是在马家浜—崧泽文化时期（约距今 6300～5500 年），二是在良渚文化之后（约距今 3800～3500 年），而这两个时期正是全新世发生最大海侵之后的高海面时期，因此两个文化的"低潮期"当与海侵有着直接的关系。相反在苏北赣榆至泗阳一线以西及洪泽湖以北和苏南常州、常熟一带与上海西部地区，由于处于山前湖沼沉积环境和地势高爽的陆相环境，基本未受海侵的影响，这些地区几乎连续分布着从早到晚各个时期的新石器时代遗址。显而易见，海面的变化，对史前时代古遗存的分布有着巨大的影响。

结合上海、张家港、盐阜、昆山和连云港等地的考古及其相关资料，还可以进一步探讨夏商时代至唐以前江苏海岸线的变迁。据认为，夏代中期以后海平面呈下降趋势，到战国时代一直比较稳定；西汉中期至东汉中期，再进入一个海面上升期；东汉晚期以后渐渐下降，至唐以前较稳定。海面的上升所引起的生产条件恶化，从而导致人群的迁徙和聚落的减少甚至消失，这正是沿海地区考古学文化因时因地盛衰变化的主要原因之一[48]。

(2) 古遗存分布与河湖的变迁

在位于内蒙古和宁夏之间的乌兰布和沙漠北部曾有三座古城废墟，经查明为汉代朔方郡所辖的临戎、三封和窳浑三县城。关于临戎城的建置以及它在黄河河道的相对位置，北魏地理学家郦道元的《水经注》中有明确的记载："河水又北迳临戎县故城西，元朔五年立，旧朔方郡治。"以往地理学家和历史学家根据这段记载，总是在今黄河以东的鄂尔多斯高原寻求其遗址。现经考古调查发现，其位置并非在黄河之东，而是在黄河之西，其间相去大约 5 公里。在临戎废墟以西约 30 公里的距离内，还发现有三条已废的河道。由此可见，两千年来，临戎故城虽然依旧，但黄河河道却已向东迁移了。另据记载，窳浑县城之东有屠申泽，该泽东西百二十里。可是现在乌兰布和沙漠的北部，已经没有大湖存在。窳浑废墟东北一带的地形有明显下降的现象，形如釜底。按照文献所记的方位，这里应该就是古代屠申泽的西部边缘地带。自窳浑废墟以东数十里内散布着几处古墓群，若查明墓区分布的北界，结合地形的勘察，那么屠申泽的旧址就可大体复原，并能进一步探讨湖泊变迁的原因[49]。古城废墟的发现，对于研究沙漠地带自然情况的变化，特别是关于古今河湖水道的变迁，关系至为密切。

据考古调查，在太行山东麓的河北平原徐水县城西北约10公里的南头庄发现了距今约1万年左右的新石器时代早期遗址，而这一地区分布最为密集的新石器时代中期至战国时代的遗址却发现于太行山前和安新至容城一带的高岗地上。其中分布于太行山前一带的先商文化和分布于安新至容城一带的先商文化之间存在着一定的差异。经研究，新石器时代中期至战国时代之前，古白洋淀湖区曾扩及到太行山前，距离太行山只有3～4公里。因此新石器时代早期居住在南头庄等处平原上的先人不得不转移到太行山前的古白洋淀边，或转移到安新至容城一带古白洋淀的岛屿上。逼近太行山的古白洋淀星罗棋布，湖区与太行山之间形成西依高山、东临湖泊的一条南北狭窄通道，如同筑成了一道地势险要的关隘。先商之时，住在太行山前古白洋淀边的居民和住在安新至容城一带的居民隔湖区相望，交往困难，因此两地虽相距不远但文化面貌上却有所差异[50]。这一地区古遗存的分布状况，折射出古白洋淀涨缩的背景。

渭河是古称"八水绕长安"中最大的一条河流。汉唐时期，长安附近的渭河上共建有三座桥梁，即东渭桥、中渭桥和西渭桥。如今这三座桥址均发现于渭河以南，且被压在6米以下的厚沙层中。渭河在长安地区是一直侧蚀性北移的，最后一次北移的时间是在北宋中期。据今渭河南岸到汉长安城横门遗址的距离推算，其北移的幅度分别是：东渭桥附近的渭河向北移动了 2600 米，中渭桥附近的渭河向北移动了 3623 米，西渭桥附近的渭河北移了近 3000 米。渭河是一条靠雨水补给的多沙性河流。秦汉时渭河已经形成在一级阶地前沿通过的格局，没有发育一级阶地的部分地段在二级阶地前沿通过。当时秦都咸阳南临渭河，汉长安城北靠渭河，至北宋初期，种种资料表明渭河在长安一带并没有明显摆动的迹象，只是从北宋神宗前后才开始大规模北移的[51]。这一推论已被 GPM 勘察和地震、地形等多项调查所证实。

沣河也是古长安"八水"之一。虽然商周时的沣水故道早已干枯，无法看清当时的河道。但考古调查证明自斗门至苏村有一条古河道，据河床淤沙的颗粒大小和河道的方向，应是沣水故道无疑。当时河道东南未见沣河泛滥的现象，在河道的东南有丰富的古遗存，既有仰韶文化时期的遗存，又有客省庄二期文化的遗存，还有西周时期的文化遗存。而河道的西北却有明显摆动的迹象，地表之下留有厚度不一的沙层堆积。文献记载，汉魏时沣水下游分为两支，一水东流，一水西北流。据汉魏长安城考古调查和勘探的结果，东流的那支沿商周时的沣水故道向东流去，西北流的则是沣河的主河道，也就是现今沣水以西的沙河故道[52]。从古遗存的分布，亦可寻到沣水变迁的端倪。

（3）古遗存分布与地震的发生

世界上有环太平洋和阿尔卑斯两个较大的地震地带。我国正处于这两大地震带的中间，是一个多地震活动的国家。历史上曾经发生过的许多大地震，在古遗存中也留下了痕迹。

临汾盆地位于山西南部，属于一个地震活动区。据考古调查可知，在临汾盆地汾阳岭一带有轻微的隆起，西汾阳至南社一段呈逐渐下降的趋势，不仅清代的文献资料如此，甚至当地北魏时期的造像碑接受沉积 55 厘米，晋献公九年（公元前 668 年）所筑的晋城接受沉积 80 ~ 90 厘米。正是这一带于 1916 年发生过震级为 5 级的地震。汾阳隆起的北侧，襄陵、金殿一带，地壳下降的速度比南侧更大，晋时刘渊（304 ~ 318 年）在金殿附近所筑的城接受沉积 160 厘米。这一带历史上发生过多次强震，其中 1304 年、1695 年和 1813 年的三次地震的震级都在 6 级以上，这与现代地质构造运动的情况是相对应的[53]。

关中一带，历史上也曾发生过频繁的地震。据统计，宋太宗至道二年到明嘉靖年间（996 ~ 1556 年），关中地区共发生八十四次地震，以至道二年（996 年）、神宗熙宁五年（1072 年）、明孝宗弘治十四年（1501 年）和明世宗嘉靖三十四年（1555 年）的四次地震破坏最为严重。长安附近的渭河演变，在地质构造方面主要是受到了地震的影响。秦汉至唐代的种种考古资料表明，渭河在长安一带并没有明显北移的迹象，只是从北宋神宗前后才开始大规模北移的。而宋太宗至道二年以后，正是这里频繁发生地震的时期，尤其是 1556 年的大地震破坏最为严重，据记载，当时死伤人口达八十三万余人。每一次地震都会使渭河造成一定程度的北移，1556 年后形成现今的情形。从古文化遗存的分布特征和地层构造上看，渭河南岸的马家寨和北岸的两寺渡都曾经是古渭河北岸的二级台地，只是由于地震造成的渭河改道冲掘，才使之彼此分隔开来。

云南洱海沿岸古文化遗存的分布十分密集，有新石器时代遗址、战国到汉代的青铜器，还有南诏、大理国时期的城址和建筑物，以及元、明时期的火葬墓。其中西海岸的新石器时代遗址、战国到汉代的青铜器，集中分布在苍山脚下的台地上，南诏时期的城址分布在平坝中，元、明时期的遗存分布在海岸附近，而当时的墓葬区又移回到早期遗存的废墟上；东海岸的情况与西海岸完全不同。从三千年前的新石器时代遗址分布看，它们不仅没有远离今天的海岸线，反而有的已被海水淹没了一部分。通过对两岸古遗存分布情况的分析，大致可以得出这样的认识：即洱海西海岸线原在苍山脚下，以后逐年下降，变迁速度较快；东海岸线则逐步上升，但变化不及西岸那样快。海岸线变迁的原因很多，但最主要的因素，应与该地区的现代地质构造运动有着密切的关系。一般认为洱海区域剧烈的地形、地貌变化，是由纵贯大理地区的地层断裂造成的。地质学上所说的苍山—红河断裂带，正好通过大理地区。洱海西岸属于断块状隆起区，洱海东岸则为断块状下陷区。由于属于断块状隆起的西岸苍山所受的风化、流蚀作用要比断块状下陷的东岸严重得多，因此大量的泥沙形成大面积的冲积扇，而且这种冲积扇逐年加长、加宽；东海岸却极少发生泥石流，也没有形成大面积的冲积扇。受现代构造运动支配的外力作用不仅能改变地形起伏的细节，在某种情况下还可以改变整个地形的面貌[54]。洱海两岸的变迁，就是一个很好的例证。

如果利用考古学的方法对地震破坏过的城镇村堡等废墟遗址加以分析、研究，能够从建筑物倒塌破坏的方向、程度以及地表的错动变形等许多方面为地震科学的研究提供应力分布和地壳的错断性质等有价值的资料。同样考古学中聚落的消失、街道的移动、湖底遗址等迷惑不解的问题，通过引进地震概念也可以得到解决。

我国位于亚欧大陆的东部，地势西高东低，呈阶梯状下降，连绵起伏的山脉，纵横交错的河流，形成了复杂多样的地理景观。不同的自然地理环境，决定了人们的生产方式以及劳动产品的类型，从而构成了各具特色的文化传统和文化背景。从总体上讲，我国史前时期大致可分为三大经济环境带，即北方地区采猎带、黄河与长江流域农业带和沿海地区捕捞带。由于自然地理环境不同，黄河流域形成了粟作农业经济带，而长江流域则形成了稻作农业经济带。当然即使是黄河流域，因上、中、下游自然环境的差异，所形成的文化面貌和文化特征也有明显的差异。正是这些来自不同地域的各具特色的古文化的层层积淀，构成了灿若星河的中华远古文化。

注　释

[1] 黄其煦《关于仰韶遗址出土的稻谷》，《史前研究》1986 年第 1、2 期。

[2] 丁颖《江汉平原新石器时代红烧土中的稻谷壳考查》，《考古学报》1959 年第 4 期。

[3] 浙江省文物管理委员会等《河姆渡遗址第一期发掘报告》，《考古学报》1978 年第 1 期。

[4] 袁家荣《玉蟾岩获水稻起源重要新物证》，《中国文物报》1996 年 3 月 3 日。

[5] 周昆叔《西安半坡新石器时代遗址的孢粉分析》，《考古》1963 年第 9 期。

[6] 周昆叔《对北京市附近两个埋藏泥炭沼的调查及孢粉分析》，《中国第四纪研究》4 卷 1 期，1965 年。

[7] 王世和等《案板遗址孢粉分析》，《环境考古研究》（第一辑），科学出版社 1991 年版。

[8] 周昆叔等《察右中旗大义发泉村细石器文化遗址花粉分析》，《考古》1975

年第 1 期。

[9] 孙湘君等《"河姆渡先人"生活时期古植被、古气候》,《植物学报》1981
年第 3 期。

[10] 湖南省文物研究所孢粉实验室《湖南澧县彭头山遗址孢粉分析与古环境探
讨》,《文物》1990 年第 8 期。

[11] 刘诗中《江西仙人洞和吊桶环发掘获重要进展》,《中国文物报》1996 年 1
月 28 日。

[12] 汤陵华《江苏梅埝龙南遗址古稻作的调查》,《农业考古》1992 年第 1 期。

[13] 王才林等《高邮龙虬庄遗址原始稻作遗存的再研究》,《农业考古》1998 年
第 1 期。

[14] 同 [11]。

[15] 《草鞋山遗址首次发现我国六千年前的水稻田遗迹》,《中国文物报》1995
年 6 月 18 日。

[16] 蒋迎春《城头山为中国已知时代最早的古城址》,《中国文物报》1997 年 8
月 10 日。

[17] 蔡莲珍等《碳十三测定和古代食谱研究》,《考古》1984 年第 10 期。

[18] 李有恒等《半坡新石器时代遗址中之兽类骨骼》,《古脊椎动物与古人类》
1959 年 1 卷 4 期。

[19] 李有恒等《广西桂林甑皮岩遗址动物群》,《古脊椎动物与古人类》1959 年
16 卷 4 期。

[20] 周本雄《河北武安磁山遗址的动物骨骸》,《考古学报》1981 年第 3 期。

[21] 浙江省博物馆自然组《河姆渡遗址动植物遗存的鉴定研究》,《考古学报》
1978 年第 1 期。

[22] 祁国琴《姜寨新石器时代遗址动物群的分析》,《姜寨——新石器时代遗址
发掘报告》,文物出版社 1988 年版。

[23] 中国社会科学院考古研究所《敖汉赵宝沟——新石器时代聚落》,中国大百
科全书出版社 1997 年版。

[24] 中国社会科学院考古研究所甘青工作队《甘肃武山傅家门史前文化遗址发
掘简报》,《考古》1995 年第 4 期。

[25] 周本雄《中国新石器时代的家畜》,《新中国的考古发现和研究》,文物出版
社 1984 年版。

[26] 王志俊《华县南沙村新石器时代及商代遗址》,《中国考古学年鉴》(1986
年),文物出版社 1988 版。

［27］ 张兴永《云南新石器时代的家畜》，《农业考古》1987 年第 1 期。

［28］ 同［22］。

［29］ 河南文物研究所编著《舞阳贾湖》，科学出版社 1999 年版。

［30］ 袁靖《研究动物考古学的目标、理论和方法》，《中国历史博物馆馆刊》总 24 期。

［31］ 袁靖等《上海市马桥遗址出土动物骨骼的初步研究》，《考古学报》1997 年第 2 期。

［32］ 袁靖《关于动物考古学研究的几个问题》，《考古》1994 年第 10 期。

［33］ 同［19］。

［34］ 同［31］。

［35］ 同［22］。

［36］ 竺可桢《中国近五千年来气候变迁的初步研究》，《考古学报》1972 年第 1 期。

［37］ 原思训等《南庄头遗址碳十四年代测定与文化层孢粉分析》，《环境考古研究》（第一辑），科学出版社 1991 年版。

［38］ 同［29］。

［39］ 巩启明等《姜寨遗址早期生态环境的研究》，《环境考古研究》（第一辑），科学出版社 1991 年版。

［40］ 高广仁等《王因遗址形成期的生态环境》，《庆祝苏秉琦考古五十五年论文集》，文物出版社 1989 年版。

［41］ 贾兰坡等《河南淅川下王岗遗址的动物群》，《文物》1977 年第 6 期。

［42］ 湖南省文物考古研究所等《湖南澧县彭头山遗址孢粉分析》，《文物》1990 年第 8 期。

［43］ 同［21］。

［44］ 王开发等《崧泽遗址的孢粉分析研究》，《考古学报》1980 年第 1 期。

［45］ 丁啸《华北平原的生成》，《水利月刊》15 卷 1 期，1947 年版。

［46］ 韩嘉谷《从考古学资料看天津平原发展的曲折历程》，《中国考古学会第二次年会论文集》，文物出版社 1982 年版。

［47］ 吴建民等《江苏新石器时代遗址分布特征与环境、海岸线变迁关系》，《东南文化》1991 年增刊。

［48］ 贺云翱《夏商时代至唐以前江苏海岸线的变迁》，《东南文化》1991 年增刊。

［49］ 侯仁之等《乌兰布和沙漠的考古发现和地理环境的变迁》，《考古》1973 年

第 2 期。

[50] 周昆叔《关于环境考古问题》,《环境考古研究》（第一辑）,科学出版社
　　　1991 年版。

[51] 段清波等《长安附近河道变迁与古文化分布》,《环境考古研究》（第一
　　　辑）,科学出版社 1991 年版。

[52] 同 [51]。

[53] 刘正荣等《以临汾盆地为例论用考古学方法研究现代构造运动与地震的关
　　　系》,《地震与地震考古》,文物出版社 1977 年版。

[54] 张增祺《从古遗址墓葬的分布看洱海区域地震和现代构造运动的关系》,
　　　《地震与地震考古》,文物出版社 1977 年版。

三　体质人类学与考古学的亲缘关系

　　体质人类学是研究人类的体质特征在时间上和空间上的变化及其规律的一门学问。它将人类作为一个生物种，研究其体质形态、身体结构及其生物学的变异和进化，以阐述人类起源和人种形成与发展的规律。以人类通过各种活动所遗留下来的实物资料为研究对象的考古学和以人类本身为研究对象的体质人类学之间，有着十分密切的关系。无论是旧石器时代的人类化石，还是新石器时代以及各个历史时期的人类学标本都无一例外地要依靠田野考古发掘和调查来获取。而古人类化石可作为史前考古中判断地层年代的一种依据；关于古代人骨性别、年龄的准确鉴定，有利于对当时社会性质、风俗习惯等问题的探讨；古代居民人种归属的研究更从一个侧面为解决考古学文化的谱系、渊源和族属等问题提供了可资参考的佐证。体质人类学在考古学上的应用，除了旧石器时代和新石器时代的史前考古学之外，还包括各个历史时代的考古学。传统的体质人类学研究方法，主要包括测量技术、形态观察和统计学分析。随着自然科学的长足发展和各学科之间的相互渗透，在体质人类学的研究中出现了分子生物学、病理学和遗传学等一系列新方法以及光谱测量仪和电子计算机等新技术手段。这些新方法和新技术的运用，为传统的体质人类学研究带来崭新的面貌。

（一）人体骨骼鉴定与古代习俗探讨

从人体骨骼判断死者的性别、年龄以及其他病理变异特征，是体质人类学研究的基础内容之一。考古遗存中出土的人骨资料，是探讨当时丧葬习俗、婚姻制度和社会组织形态的重要线索。从某种意义上说，考古中发掘出的人体遗骸，包括人类化石资料，只有经过人类学的鉴定才具有完整性。可靠的人体年龄、性别和骨骼异常变形的鉴定，是对人骨进行考古学研究的重要前提，有助于了解考古学文化的物质面貌以及社会制度与经济生活的关系。当然，考古学上有关古代风俗习惯和埋葬制度的研究，对人类学的骨骼鉴定亦具有互证的作用。

1. 性别、年龄的鉴定

关于人骨性别的鉴定，通常采用形态观察的方式，首先以性别特征最明显的骨盆为主要依据，其次为颅骨，再次是其他骨骼。对于人骨年龄的鉴定，耻骨联合面的形态学变化是最为可靠的依据，其次可根据牙齿的萌发时间和牙齿的磨损程度推断年龄，还可根据骨化点的出现和颅骨骨缝的愈合情况推断年龄。此外，骨骼上的其他老年性变化也是鉴定年龄的重要参考依据。

据研究，在夏家店下层文化大甸子墓地，存在着依据性别之不同而使用不同的生产工具随葬的情况。该墓地共发现一百零一件斧或钺，出土于一百零一座墓中，另有一百零一件纺轮，亦出土于一百零一座墓中。经过人骨鉴定，确知有斧（钺）的墓中的骨骼皆为男性，其中唯有 M398 是一座既有斧又有纺轮的墓。这座墓的男性骨骼有严重病态，一侧肢骨变形。除 M398 外，尚有一百座墓各随葬一件纺轮。这一百座墓的骨骼，可鉴定出似老年男性体征的有两例，余皆为女性。尽管存在上述三例相悖现象，仍不妨得出男性随葬斧（钺）和女性随葬纺轮的习俗。以往对于不同性别使用不同劳动工具随葬的解释，一般都归结为社会分工的不同。然而，大甸子墓地中有斧（钺）和纺轮的墓葬，约为整个墓地总数的 1/4，俱属墓主年龄可辨为 12～13 岁以上的墓。在这个年龄范围内该墓地约有六百座墓，随葬斧（钺）的墓约为男性墓的 1/3，随葬纺轮的墓约为女性墓的 1/3，亦即在相同年龄阶段中男性尚有 2/3 没有随葬斧（钺），女性尚有 2/3 没有随葬纺轮。因此，发掘者认为随葬的斧（钺）和纺轮，无论它们在随葬以前是否曾作过实用工具，在此时却都是以"礼器"随葬的，这两类物品应是 13 岁以上的男女各有一个集团的标志物，只有当这些男性或女性是这个集团的成员时，他或她才具有随葬斧（钺）或纺轮的资格[1]。这种认识显然突破了传统的观念，对于研究古代社会的埋葬制度颇具启发意义。

多人合葬墓是黄河流域仰韶文化时期最具特色的埋葬习俗之一。在陕西华县元君庙墓地已发掘的五十一座墓葬中，除去七座"空墓"，尚有二十八座合葬墓。据统计，合葬墓占葬人墓葬总数的 63.63%，约相当于单人墓葬的两倍。为了确定同一墓穴中死者之间的关系，发掘者以年龄的大小作为区分亲族辈分的重要标识，通过分析墓内成员死亡年龄的岁差来判别其辈分的构成，确认以合葬墓为代表的亲族单位小于氏族。它是由不同辈分的成员组成的，有的还可确指至少包含了三代人，而这样的亲族单位当系家族。结合母子合葬、迁葬合穴、随葬品多寡以及厚葬幼女等突出女性或以女性为本位的现象，发掘者认为家族是母系的，这也就决定了该氏族—部落具有母系的性质[2]。

通过对华阴横阵、渭南史家和华县元君庙三处仰韶文化半坡类型墓地中七十一座男女老少集体合葬墓中成年男女人数的统计，可知成年男性多于女性者有四十七座墓，女性多于男性者有十五座墓，两者占总数的87%，男女数目相等的墓，仅不足13%。因此半坡类型的合葬墓乃是按血亲的原则来安排的，男女比例的不协调所反映的应是各家族或氏族男女比例的自然状态[3]。

在属于大汶口文化早期的山东兖州王因墓地，流行同年龄等级的同性合葬，已发现的三十一座合葬墓中，有二十二座同性合葬墓，占70%以上；在属于大汶口文化晚期的山东泰安大汶口文化墓地，却普遍发现了成年男女的成对合葬墓。这种合葬形式的早晚区别，可能表明大汶口文化居民经历了从某种氏族外婚制到对偶婚制的转变。

在黄河上游的齐家文化中，成年男女合葬已有相当固定的葬式。1979年在甘肃武威皇娘娘台遗址第四次发掘中共发现了十座双人合葬墓和二座三人合葬墓。双人合葬墓中，除一座葬式不明外，其余每墓骨架均为两具，居左者为仰身直肢位于墓内正中，居右者侧身屈肢于其旁。三人合葬墓则是居中者仰身直肢，左右两侧者为侧身屈肢。经鉴定，仰身直肢者系男性，侧身屈肢者系女性[4]。从成年男女合葬墓的葬式以及随葬品大都集中于男子身上的情况看，当时一夫一妻制的婚姻形态已经确立，男子在社会上享有威信，在家中居于统治地位，而女子则屈从和依附于男子，处于被奴役和被压迫的地位。

对一些特殊埋葬者进行性别和年龄的调查，可以为识别死者的身份提供佐证。在河南安阳殷王陵附近曾发掘出大量排葬坑，坑里的无头牺牲者基本上是由 15～35 岁的男性青壮年组成，没有发现中老年个体。这样的性别年龄结构说明，这些死者并非一般平民，而是殷人与四方邻国在频繁征战过程中抓获的异族战俘[5]。河北易县燕下都南郊解村发现的大型人头坑，有的坑内多达千余个头骨。在经观察的二百二十一例头骨中，其年龄组成约 80% 的是 18～35 岁的青壮年，只有六个头骨可能达到 50 岁，全都是男性。据此种年龄性别成分推测，这些头骨可能是春秋战国时期某次战争中一方战死或被虏获士兵的，当时获胜的一方可能以割取敌人的首级聚功[6]。在山西高平市境内永录 1 号尸骨坑也发现了类似的情形。该尸骨坑内共埋葬了六十个个体，几乎没有一具完整的骨骼。经性别鉴定，死者均为男性，年龄以 23～45 岁左右的青壮年居多，20 岁以下的不足 5%，50 岁以上的不到 10%。结合骨骼排列和箭痕、刀痕与砸痕等创伤迹象的分析，死者应是历史上长平之战中被杀后乱葬的赵国士卒[7]。

统计墓地整个埋葬群的年龄，还可以知道这一群人的年龄分布和死亡率以及当时居民的健康状况（表五、六）。

表五　　　　　贾湖居民成年死亡人年龄统计表

年龄组	男性		女性	
	人数	%	人数	%
青年期（性成熟至 23 岁）	5	2.6	22	18.3
壮年期（24～35 岁）	34	17.9	18	15
中年期（36～55 岁）	57	30.6	38	29.2
老年期（56 岁以上）	19	10.5	7	5.8
成年人（无法估计年龄）	75	39.5	38	31.7

从河南舞阳贾湖遗址死亡人群中两性的年龄分布来看[8]，男性死亡高峰期在中年期（36～55岁），其次为壮年期，青年期死亡比例较少；女性死亡高峰期也是中年期，其次为青年期，老年期死亡率较少。由两性死亡率的比较可以看出，青年期时期，女性的死亡率为18.3%，男性的死亡率为2.6%，女性明显高于男性；而老年期，男性的死亡率为10.5%，女性的死亡率为5.8%，男性的死亡率明显高于女性。

表六　　　　　　姜寨居民成年死亡人年龄统计表

年龄＼性别	男	女	合计	百分比（%）
青年期（性成熟至23岁）	0	8	8	21.05
壮年期（24～35岁）	8	6	14	36.84
中年期（36～55岁）	10	5	15	39.47
老年期（56岁以上）	1	0	1	2.63
总计	19	19	38	

由姜寨居民成年死亡人年龄统计表可知[9]，男性死亡高峰为中年期，其次为壮年期；女性死亡高峰为青年期，其次为壮年期和中年期。

上述两处遗址死亡率的变化，基本上反映了我国新石器时代各年龄组居民死亡的一般状况。女性多死于青年期当与孕产期得不到适当的医护而丧生有关，男性多死于壮年以后则是与其繁重的体力劳动负担有关。而大多数人是在青壮年期间死亡的，集中地表现出原始居民健康状况不佳的情形。

当然由于在人骨保存和鉴定工作等过程中可能发生成年性

比异常的现象，因此不能将墓地人骨性比的鉴定结果简单地等同于墓地原始人群的实际性比。

2. 病理、创伤的分析

从考古发掘出土的人骨中调查和认定病理材料是古病理史研究的重要内容。从骨骼上能见到的主要疾病有由骨炎引起的骨髓炎、结核、麻风病、梅毒性骨疾病、骨瘤、各种关节病以及口腔疾病和某些先天与后天畸形、内分泌紊乱、食性效应等。通过对这些病理资料的研究，有可能找到某些疾病在历史上的流传、分布规律，以及对古代居民健康水平和生活方式的影响。在考古材料中，还有各种形式的骨骼创伤标本。根据创伤的形态特点，可以推断所使用的凶器或武器类型，以及是否实施过外科手术等。

根据对河南舞阳贾湖遗址出土的三百四十二个肢骨残段或椎骨残块的观察，已发现了骨折、风湿性关节炎、骨瘤、骨关节炎、强直性脊椎炎、骨髓炎、牙病、头骨外伤等多种疾病。贾湖居民股骨的发育程度，依股骨扁平指数划分，绝大多数个体的股骨属于扁平型。结合骨骼上反映出的疾病来看，当时贾湖人的生活水平相当低下，出现了营养不良，加上缺医少药，各种疾病的传播，必然影响居民的健康，进而对人群的存亡构成严重威胁，这与当时人群中死亡年龄结构的分析结果是完全一致的。

从陕西华县元君庙墓地人骨颅缝、骨骺愈合情况和牙齿磨损情况的比较，不难发现有些人的牙齿与他们的骨骺、颅缝愈合情况不相对应，可推想当时人们的食物是非常粗糙的。多例人骨架上楔形椎体、骨刺和骨折的发生，应是负重过多且长期劳损的结果，由此可见当时人们的劳动情况也是相当繁重的。

通过对长沙马王堆 1 号墓尸体的病理检查，发现死者生前患有严重的冠心病和多发性胆石症，左上肺有结核钙化病灶，右前臂骨折畸形愈合，体内尚有鞭虫、蛲虫和血吸虫卵等寄生虫存在。由于这具尸体不仅保存了完整的外形，而且内脏器官完整，主要的病变尚可确认，从而为研究当时人们的健康状况提供了宝贵的资料。

某些与遗传有关的骨骼畸形也可用来推测同墓穴或小隔离人群的人骨是否代表一个家族单位或小的混杂繁殖群。如在英国剑桥的阿波里罗德曾出土十二具罗马时代不列颠人骨架，其中有五人在第五腰椎右侧表现出骶骨化，尽管还不能以此肯定他们的家族关系，但至少暗示他们存在密切的混杂。这类可能与遗传有关的骨骼资料，在我国发现得较少，还有待于今后的研究。

从考古材料中发现的骨骼创伤可能是由不同的原因引起的。除了偶然摔跌造成的骨骼断裂外，大都与个人之间的斗殴或社会集团间相互矛盾冲突引起的暴力伤害有关。据各种骨骼创伤的形态特点，有可能推断其所使用凶器或武器的类型至少有如下几种情况：第一种是用大石块或棍棒打击造成的；第二种是受小型棍棒、钉头形槌或投掷物打击所致；第三种是遭矛、枪、短剑或箭镞攻击形成的；第四种是由刀、剑、斧类砍伤引起的。一般说来，有利刃的金属器容易形成切口整齐的砍削伤，尽管有时在一些早期遗址中没有发现金属随葬品，但也可据此推断当时已使用了金属器[10]。

还有的骨创伤与古代人的原始外科手术有关，最典型的例子就是在头骨上施行"钻孔术"，这是由人工操作的最早的手术之一。据报道，在法国北部一座距今 7000 年前的史前墓葬里发现了国外最早的颅外科手术的证据。死者是一个 50 岁左右的男性个体，在其额骨和顶骨上有两处手术痕迹。已知国内最早的有关头骨穿孔材料，发现于广西桂林甑皮岩新石器时代洞穴遗址。在遗址洞内文化层所发现的十四个人头骨中，有六个顶骨处有人工穿孔的情况。根据创伤的形状，发现者把这些"穿孔"现象归入创伤性的"伤痕"一类，并认为可能是棍棒或石块击打所致[11]。在青海乐都柳湾、民和阳山新石器时代墓地和河南焦作武陟大司马台龙山文化遗址以及新疆天山阿拉沟、哈密焉不拉克沟、和静察吾乎沟和黑龙江泰来平洋等地相当于西周至汉代的墓地，都发现了头骨穿孔的标本。其中以新疆和静察吾乎沟墓地所发现的头骨穿孔现象最为普遍，形态变化亦最多。在经过鉴定的八十七具人骨之中，头骨有穿孔者为十五具，占全部出土头骨的 17%。穿孔的情况可分为六类，A、B 两种出现的频率最高，孔的大小较为一致，一般一个头骨上都有一个或数个，系人工有意所为；C、D 类孔的面积较大，一次性形成的孔洞为直边，可能是钝器猛击的结果；E、F 类穿孔往往与利器或钝器所致的创口共存，似乎也不能排除手术的可能性[12]。另外，新疆阿拉沟墓地 M4 和焉不拉克墓地 86XHYT2M5 的头骨穿孔，由重器击打的痕迹十分明显，当属创伤性的痕迹。但青海民和阳山半山—马厂文化 M70、青海柳湾马厂文化 M895 和齐家文化 M1054，以及河南安阳后冈M9、黑龙江泰来平洋春秋战国时期 M11、青海上孙家寨汉代M41 和 M392 的头骨标本上的穿孔形状，大都非常规则，直径小且周围没有骨折现象，有的穿孔周围还有炎症及新生骨芽的痕迹，很可能是一种手术行为[13]。目前判断头骨穿孔是否系医疗手术的一个重要标准就是辨别穿孔的时间系在生前抑或死后，而要证明这一点则主要看穿孔的周围是否有炎症或愈合痕迹。实际上对于穿孔头骨周围不见愈合及炎症迹象的，尚难以判定是生前还是死后的穿孔。因此，从目前的材料看，似乎以医疗手术为目的的头骨穿孔在中国不如世界其他地区流行。

3. 人工骨骼变形的观察

人工骨骼变形，不包括骨骼的病理畸形，而是指古代人的某些骨骼部位有人为制造的畸形。

据观察，在我国东南地区新石器时代居民中至少存在着拔牙、口颊含球和头骨变形三种人工骨骼畸形现象。

明确存在拔牙现象的遗址以黄淮一带发现得最多，在长江中下游一带和珠江三角洲一带也有一定的分布。拔牙的形态以左右对称拔除占绝大多数，不对称的很少，最普遍流行的是拔除一对上颌侧门齿。当然，拔牙齿种并不限于侧门齿，也有拔除犬齿或中门齿的。不过，新石器时代居民除个别遗址外，拔牙齿种都相当严格地限定在上颌犬齿以前的三个齿种（中、侧门齿和犬齿），几乎不涉及前臼齿以后的牙齿和下颌的任何齿种。关于古人拔牙的年龄，通过大量的实例分析，在幼年个体中没有发现拔牙的现象，最早的拔牙年龄无论男女都在15～20岁之间。最年轻的拔牙是山东茌平尚庄遗址出土的大约14岁的男性个体。结合民族志和民族调查的材料，拔牙的意义最初可能与取得婚姻资格的仪式有关，应是实行族外婚制度的产物。韩康信、潘其风根据考古发现推测，拔牙习俗最早发生于黄淮地区大汶口文化早期居民，尔后传入长江下游马家浜文化居民，并可能由此一路沿江上溯到达长江中游屈家岭文化分布区域，另一路沿海经浙、闽到达珠江三角洲地区。在沿海这一路的传播流动过程中，这一风俗可能在不晚于早商时期又由大陆沿海地带传到台湾岛[14]。

口颊含球，即在口颊内含一小石球或陶球。这种现象在大汶口文化的王因、野店和大墩子遗址中均有发现。其对人的上下颌骨的影响，主要是因臼齿颊面反复与小石球磨擦而产生磨蚀面，磨蚀严重者会影响到齿冠、齿根和齿槽骨，使齿列挤向舌侧，齿槽骨萎缩，及至引起严重的齿病。从王因遗址的材料看，这种习俗多数出现在女性个体，含球年龄最小的一例只有6岁，似乎暗示这一习俗始于幼年。但是磨蚀很轻的个体，实际上并不易辨别出来。从墓葬中出土的小石球或陶球的数量往往小于人口的数量来看，持有这种习俗的个体出现率并不高[15]。或许对这部分个体实行这种习俗有其特殊的意义，尚需进一步探讨。

人工头骨变形，主要指头骨枕部畸形。这种枕部畸形，属于变形头骨中比较简单的枕型。头骨受压变形的部位主要限于枕骨，但究竟是出于某种目的使用一定的器械有意改变头部生长方向，还是有无意识地生活习惯（如幼儿长时间固定于仰卧姿势或自小枕以性质较硬的枕物）引起的扁颅，尚待研究。据考古发现，这种习俗也以黄淮一带大汶口文化的居民最为普遍，其流行的时间和地域大致与拔牙习俗平行。以大汶口文化的大汶口、王因、西夏侯、呈子、三里河、野店和大墩子等遗址的出现率最高，而且男女两性都有。

上述三种人工骨骼畸形现象在出现的时间、文化性质和地理分布上存在着明显的共性，甚至在同一个体的骨骼上可以同时看到这些现象。经过骨骼鉴定，详细调查这种现象，对于了解我国东南地区古代居民的风俗习惯和文化的起源与迁徙都具有重要的价值。

人为地改造头部形状是一种古老的习俗。至今所知，在旧石器时代晚期北京周口店山顶洞人的颅骨上已有明显的人工变形迹象。在内蒙古满洲里附近的扎赉诺尔旧石器时代遗址和吉林前郭查干泡新石器时代遗址也发现了明显的人工改形的颅骨。据研究，我国古代头骨人工变形的种类，主要可分为楔形和环形两种类型。前者的特征是整个枕骨大孔后部的枕骨至顶骨的后四分之一十分扁平，后者的主要特征是从顶骨前囟区到枕骨项面有一条带状环形压痕绕颅骨一周[16]。我国新石器时代东南地区广泛发现的人工头骨变形大都属于楔形，东北地区发现的人工改颅则属于环形。因此东北地区可能是环形人工改颅的发祥地之一。

人体骨骼的鉴定是一项技术要求很高的工作。由于历来所采用的方法大都属于形态观察的方法，只有当骨骼保存较好且特征显著时，鉴定工作才具有良好的可靠性。但古代人类的遗骨因长期埋于地下，经受自然侵蚀，往往残缺不全、保存不良，这无疑为鉴定工作造成了很大的困难。20世纪80年代初，西方发达国家将从人体遗骸中提取和分析DNA等分子生物学的方法应用于考古研究领域，试对考古墓葬发掘出来的古代人骨作个体鉴定、家系鉴定和种系鉴定。1996年我国学者与外国学者合作，在德国格廷根大学人类学研究所实验室从我国河南下王岗、甘肃大地湾和吉林查干泡等新石器时代遗址出土的三个人骨碎块及一枚牙齿中成功地提取了古代DNA，并通过聚合酶链式反应（PCR）技术扩增得到 X – Y 染色体上的单拷贝同源基因片段[17]。由于扩增的基因片段长度具有性别多态性，从而可以进行性别鉴定。从理论上说，考古发现的任何人骨标本都可能含有人类DNA片段，因而可以采用分子生物学技术对蕴藏于人骨中的 DNA 片段进行提取，然后扩增、测序、分析，从而获得有关古人的个体信息（个体鉴定、家系鉴定）和群体信息（群体的遗传特征和群体之间的 DNA 差异）。对于破碎的骨块和牙齿等人骨材料来说，用传统的形态学观察的方法进行性别判断和系统分析比较困难，相比之下，分子生物学的方法则具有独特的优越性，尤其是古代 DNA 的存在已被证实，相信分子生物学将为人类起源和演化问题的解决开拓新的更加广阔的前景。

（二）人种类型研究与古代族系探索

人种与族系分别属于两种不同范畴的概念。前者是人类生物物种分类单元下的概念，后者则是文化人类学中民族学的概念。在民族识别过程中，人种的辨识应当是民族起源研究的重要内容之一，某些人种或种族的资料可能被用来引证古代民族，然而民族并不是根据人们的体质特征来划分的。换言之，当我们涉及民族这一概念时，主要侧重于对某一人类群体社会文化属性的考察，而在涉及种族概念的时候，则更侧重于对该人群自然生物属性的考察。一个种族内可以包含一个或几个民族，同样一个民族中也可以包含有一个或几个种族的成分。在旧石器时代，人类的体质形态特点与文化发展阶段之间存在着密切的联系，确定人类体质发展水平往往是划分旧石器文化发展阶段的重要内涵之一。种族人类学的研究对于古代居民，特别是新石器时代以后人类种族的复原有着十分重要的意义。在探讨不同种族互相毗连地区的考古学文化渊源和相互关系时，人种成分的确定尤为必要。

1. 史前时代的人种

按照人类学的一般理论，人种的起源发生于距今大约四五万年以前的晚期智人阶段。从我国已发现的有关人种学资料来看，人种开始出现分化的时间似乎可以追溯到更遥远的过去。在北京周口店出土的中国猿人化石的体质特征中就含有某些与蒙古人种接近的现象，据此德国人类学家魏敦瑞做出有关中国猿人是蒙古人种祖先的推断。我国境内发现的所有直立人的牙齿化石上均呈现出具有铲形门齿——这一蒙古人种中常见的特征，恐怕并非出于偶然，或许暗示出与蒙古人种的祖先类型之间的确存在着某种遗传学上的联系。迟至早期智人阶段，人种分化的迹象已成为确凿无疑的事实。大荔人、丁村人等早期智人的化石材料表明，这一时期在东亚大陆上已经存在着某些代表蒙古人种形成阶段初期形态的人类。到了晚期智人阶段，人类的种族特征不仅日臻明显，而且出现了区域性人种类型的分化倾向。北京周口店山顶洞人化石上的若干特征比较接近亚洲蒙古人种的北方类型，而广西柳江人头骨上的有些特点则比较接近蒙古人种的南方类型，说明在形成蒙古人种的体质发展过程中我国南北两地之间已经存在着明显的异形现象。

20 世纪 60 年代，颜訚提出中国旧石器时代晚期人类与新石器时代人类之间存在着形态学上的继承关系[18]。20 世纪 80 年代，韩康信、潘其风等学者进一步发展了这一学说，并初步建立起我国古代居民种族人类学类型的时空框架[19]。总之，我国新石器时代和旧石器时代人类在体质上的发展关系是比较清楚的。从旧石器时代晚期人类化石的南北两种不同的形态趋势，发展到各地区新石器时代居民的种属性质大体接近现代同地区的蒙古人种的各地区类型，我国旧石器时代与新石器时代居民间体质上存在着明显的承袭性，基本上是在单一的蒙古人种的主干下形成、发展和分化的。这正是中国古人类化石中一脉相承的共性所在。

在我国史前时代人种研究资料中，以新石器时代的材料最为丰富。这些资料多半集中在遗址分布比较密集的黄河流域和长江中下游以及南方沿海地区。根据上述区域内新石器时代居民的体质类型特征，大致可以划出这一时期种系的分布轮廓。

（1）黄河上游地区居民的体质特点

从青海乐都柳湾遗址和甘肃杨家洼墓地等处的人骨资料看，甘青地区马家窑文化、马厂文化、半山文化和齐家文化的居民，在体质形态方面有着明显的一致性，都属于同一个种族类型，即东亚蒙古人种，并与现代华北人非常接近。一般具有较高、较狭而中等偏长的颅型，高而狭的面型，中等宽度的鼻型和中眶型以及中等的面突出程度。因而可以推测，甘青地区从马家窑文化到齐家文化的居民基本上是一脉相承的，他们与华北地区的古代居民在体质上有着密切的关系。

（2）黄河中游地区居民的体质特点

对黄河中游地区仰韶文化居民体质的了解，主要依据渭河流域西安半坡、宝鸡北首岭、华县元君庙和华阴横阵等遗址出土的人骨材料。他们一般具有中等偏高的头型，中等的面宽和面高，较低矮的眼眶和较宽阔的鼻子以及中等的身高。这些特征使他们显示出与现代南亚蒙古人种比较接近的性质。

（3）黄河下游地区居民的体质特点

大汶口文化的人体遗骸多采集于鲁南、苏北一带的宁阳大汶口、曲阜西夏侯及邳县大墩子等遗址。他们的身材比仰韶文化的居民略高，颅型更高，面部比较高和宽，从形态上更接近现代东亚蒙古人种。同时，大汶口文化的居民还伴有头部人工变形和拔牙等特殊习俗。山东地区典型龙山文化的居民，无论是在种族特征上还是在特殊习俗方面都与大汶口文化居民无异。大汶口文化的居民和仰韶文化的居民，在体质类型上大体可归入一个大类，但两者之间又略有差异，可能属于同一种系的两个不同的族群。

（4）华南地区居民的体质特点

该地区的人骨资料主要散布于长江下游和闽、粤、桂等濒海地带。根据浙江余姚河姆渡、上海崧泽、广东佛山河宕和广西桂林甑皮岩等遗址出土的骨骼材料，他们一般具有长而高狭的颅型，扁平又宽阔的鼻子，低矮且向前突出的面部以及较低的眼眶，其总体特征与现代南亚蒙古人种比较相似，同时还含有一些与赤道人种相对比的性状。

通过对考古遗存中出土的大量人骨所反映的古代居民体质特征的观察，可将新石器时代居民的人种类型按地区进行区分。如，有的学者指出，黄河中游、黄河下游和南方地区的居民在体质上各有特点，他们可能分别与传说中的华夏集团、东夷集团和苗蛮集团有关[20]。有的学者认为，以长江为界可划分出两个不同的地方类型，即长江以北为北部类型，长江以南为南部类型[21]。还有的学者提出应命名为"古华北类型"、"古东北类型"、"古西北类型"、"古中原类型"和"古华南类型"的建议[22]。这些不同的见解，表现出该领域的研究不断深化、日趋发展的良好势头。

2. 夏商周三代的人种

在新石器时代某些居民的体质特征中也可能包含有不止一种体质因素，但一般不倾向于将其视作人种混杂的结果。然而夏代伊始，人种混杂现象的发生就是非常普遍的事情了。这种人种上的混杂，不仅表现在同一个体上可以反映出两种以上不同种族类型的体质因素，还表现在同一群体中便有可能出现两种差异很大的而且属于不同种族类型的个体。由此说明，伴随着国家文明的诞生，人类群体之间的迁徙和融合在规模上远远超过了史前时代。

关于夏的人种类型问题，目前还没有确凿无疑的资料加以证实。唯一可能与夏有关的人类学资料出土于山西襄汾陶寺遗址。陶寺遗址所处的晋南地区，据文献记载历来有"夏墟"之称，故而有人认为该遗址可能就是夏人的遗存。根据对陶寺遗址人类头骨的观察，其形态特征大致可概括为：偏长的中颅型，头高值普遍较大，面高中等，面部较宽，中鼻型，眶型偏低。这些特征显示出陶寺居民与东亚蒙古人种相近的体质成分居多。

在商代体质人类学资料中，最丰富的信息来自河南安阳殷墟遗址。从种族成分上考察，殷墟遗址中小型墓葬中出土的头骨可区分为两种不同的体质类型。其中绝大多数的头骨在种系特征上颇为一致，他们所具有的中颅、高颅和狭颅的特点以及较窄的面宽和中等的上面部扁平度等性状与东亚蒙古人种最相近。另有一少部分头骨的颅高值偏低，面部极宽，颧骨大而突出，鼻根偏高，呈现出具有北亚人种和东亚人种相混合的性状[23]。这两种不同体质类型的辨认，为探讨殷商民族的种系构成提供了可能性。

关于周人的体质人类学资料，可以出土于陕西凤翔南指挥西村先周和西周墓葬中的一批头骨为代表[24]。这批头骨的特征与殷墟遗址中小墓中属于东亚人种的那种类型有些相似，但又表现出明显的类似南亚蒙古人种的因素。两者之间的区别应是同一种系不同类型间的差异。

从现有的资料来看，殷人的体质特征中主要包含了蒙古人种的东亚和北亚两种类型的因素；而周人体质特征中则包含了蒙古人种的南亚和东亚两种类型的成分，并且以类似南亚人种的因素略占优势。

先秦时期，我国周边地区的人骨材料以华北和东北区的发现较为集中。内蒙古鄂尔多斯高原和乌兰察布草原一带发现了许多带有草原游牧文化色彩的古遗存，地理位置偏北的桃红巴拉墓地中埋葬的先民[25]，一般都具有比较明显的北亚蒙古人种的性状；而地理位置偏南的毛庆沟等遗址的居民[26]，在体质特征中却带有较多的东亚蒙古人种因素。分布于西拉木伦河、老哈河一带的夏家店上层文化居民，是一种以窄脸、高颅、狭颅和偏长颅型为特征的种族，属于以东亚人种因素占主导的东亚和北亚蒙古人种的混血类型[27]。吉林地区西团山文化的居民，在体质上具有东亚人种和北亚人种相结合的特点[28]。

甘青地区的资料可以甘肃玉门火烧沟遗址的一批人骨为代表，这里的居民在体质特征方面与殷墟中小墓组和甘肃史前组都比较接近，也应归入东亚蒙古人种[29]。新疆地区在人种地理分布上有一定的特殊性。罗布泊地区孔雀河下游古墓沟墓地的居民在体质特征上可归属古欧洲人类型[30]；乌鲁木齐附近阿拉沟古墓群居民的人种成分比较复杂，除了占优势地位的欧罗巴人种成分外，还有部分蒙古人种的体质因素。

3. 汉以后的人种

秦、汉时期大一统的政治格局的形成，使中原地区以其高度发达的华夏文明对周边地区产生了强大的影响，从而奠定了以华夏族（汉族）为主体的由各民族共同组成的中华民族的基本格局。

中原地区汉以后的人骨资料正式发表的较少，仅从山东济宁潘庙汉墓的人骨标本看，潘庙汉代居民可归入东亚蒙古人种[31]，但与现代华北汉民族相比仍存在着一定的体质差异，在某些特点上似乎更接近现代华南汉族居民。

这一时期边疆少数民族地区的人骨资料比较丰富，主要包括匈奴、鲜卑、契丹和乌孙等族的资料。关于匈奴人的种族类型，在俄罗斯的南西伯利亚、蒙古和我国北方草原地区发现了一系列与匈奴有关的人骨标本，经过对上述地区人种学材料的分析，可知匈奴族的人种构成是多元的。活动于现今俄罗斯和蒙古境内的匈奴人在种系成分上主要属于蒙古人种中的古西伯利亚类型，在稍晚时期又增加了某些欧罗巴人种的因素；生活于我国境内的匈奴人在体质类型中主要包含有北亚蒙古人种和东亚蒙古人种的成分。换句话说，大漠以北的古西伯利亚类型居民可能代表了北匈奴的基本人种成分，而大漠以南的北亚和东亚类型的居民则反映出南匈奴的种族成分。南、北匈奴之间在种系构成方面存在着不同的来源。

鲜卑族是继匈奴之后在我国北方草原地区崛起的另一个强大的游牧民族。据文献记载，在鲜卑共同体内包括有许多不同的部族，如北部鲜卑又称拓跋鲜卑，东部鲜卑则可分为慕容、宇文和段氏等部。从已发表的鲜卑族或被认为是鲜卑人祖先的人骨资料看[32]，时代较早的黑龙江泰来平洋墓葬和内蒙古呼伦贝尔盟完工墓地的居民在体质特征上与东北亚蒙古人种颇为接近，可能代表了拓跋鲜卑先世本身固有的遗传学性状。而时代较晚的内蒙古巴林左旗南杨家营子和呼伦贝尔盟扎赉诺尔等处鲜卑人群中存在的那些西伯利亚类型的人种成分，或许是由于来自匈奴或者与匈奴人具有相同种系渊源的部族基因流入的结果。

见诸报道的契丹族的人骨标本，都发现于内蒙古境内的辽代墓葬。从察右前旗豪欠营和宁城山嘴子两处墓地的人骨材料看[33]，辽代契丹的种族成分中的主体因素具有北亚蒙古人种的特征，同时也呈现出某种程度上与东亚或东北亚人种的相似性。这些不同人种因素的存在，可能是由于辽代契丹人与其他民族发生通婚、混血的结果。

乌孙族的人种问题一直是学术界存在争议的重要课题。据史书记载，乌孙族在西迁以前曾占据甘肃河西走廊一带。西汉初年迁至伊犁河流域和伊塞克湖附近，建立起强大的乌孙王国。有关乌孙族人种的资料，主要集中在哈萨克斯坦和我国新疆地区。从这些资料来看，各地区的乌孙族在体质上是比较一致的，他们的主要种系成分属于欧罗巴人种中的古欧洲类型和中亚两河类型，但同时均不同程度地含有蒙古人种特征的混合[34]。这是乌孙族体质类型的一个特点。迄今为止，从甘肃河西走廊出土的汉代以前的古人类学材料几乎无一例外地都属于蒙古人种。这种情况或许暗示具有西方人种性质的乌孙，也可能包括月氏，并没有占据现在敦煌以东的河西走廊地区。因此，仅据人类学的调查结果，还不能证实某些考古材料就是乌孙的遗物。

虽然分析某处古遗址居民的人种类型并不等于便能解决他们的族属问题，但通过对某民族的居民进行人种学研究可为探索其族源提供一定的线索。研究不同时代不同地区的人骨资料，可以了解古代居民的体质演变及其分布规律，透过体质上的多样性在同一遗址出现等现象，还可以了解当时有关迁徙和征战等历史问题。

注　释

[1] 中国社会科学院考古研究所《大甸子——夏家店下层文化遗址与墓地发掘报告》，科学出版社 1996 年版。

[2] 北京大学历史系考古教研室《元君庙仰韶墓地》，文物出版社 1983 年版。

[3] 严文明《仰韶文化研究》，文物出版社 1989 年版。

[4] 甘肃省博物馆《武威皇娘娘台遗址第四次发掘》，《考古学报》1978 年第 4 期。

[5] 韩康信《殷墟人骨性别年龄鉴定与俯身葬问题》，《中国商文化国际学术讨论会文集》，中国大百科全书出版社 1998 年版。

[6] 河北省文物研究所《燕下都》，文物出版社 1996 年版。

[7] 山西省考古研究所等《长平之战遗址永录 1 号尸骨坑发掘简报》，《文物》1996 年第 6 期。

[8] 河南省文物考古研究所编著《舞阳贾湖》，科学出版社 1999 年版。

[9] 半坡博物馆等《姜寨——新石器时代遗址发掘报告》，文物出版社 1988 年版。

[10] 韩康信《骨骼人类学的鉴定对考古研究的作用》，《考古与文物》1985 年第 3 期。

[11] 张银运等《广西桂林甑皮岩新石器时代遗址的人类头骨》，《古脊椎动物与古人类》1997 年 15 卷 1 期。

[12] 陈星灿等《史前时期的头骨穿孔现象研究》，《考古》1996 年第 11 期。

[13] 韩康信等《考古发现的中国古代开颅术证据》，《考古》1999 年第 7 期。

[14] 韩康信等《我国拔牙风俗的源流及其意义》，《考古》1981 年第 1 期。

[15] 韩康信《大墩子和王因新石器时代人类颌骨的异常变形》，《考古》1980 年第 2 期。

[16] 张振标等《中国史前人类的一风俗——有意识的改形颅骨》，《史前研究》1985 年第 3 期。

[17] 赵凌霞《新石器时代人骨遗骸中古代 DNA 的提取及 X – Y 染色体同源基因片段的 PCR 扩增》，《人类学学报》1996 年 15 卷 3 期。

[18] 颜訚《从人类学上观察中国旧石器时代与新石器时代的关系》，《考古》1965 年第 10 期。

[19] 韩康信等《古代中国人种成分分析》，《考古学报》1984 年第 2 期。

[20] 同 [19]。

[21] 张振标《中国新石器时代人类遗骸》，《中国远古人类》，科学出版社 1989 年版。

[22] 朱泓《建立具有自身特点的中国古人种学研究体系》，《我的学术思想》，吉林大学出版社 1996 年版。

[23] 韩康信等《殷代中小墓人骨的研究》，《安阳殷墟头骨研究》，文物出版社 1984 年版。

[24] 焦南峰《凤翔南指挥西村周墓人骨的初步研究》，《考古学报》1985 年第 3 期。

[25] 潘其风等《内蒙古桃红巴拉古墓和青海大通匈奴墓人骨的研究》，《考古》1984 年第 4 期。

[26] 潘其风《毛庆沟墓葬人骨的研究》，《鄂尔多斯式青铜器》，文物出版社 1986 年版。

[27] 朱泓《夏家店上层文化居民的种族类型及相关问题》，《辽海文物学刊》1989 年第 1 期。

[28] 潘其风等《吉林骚达沟石棺墓人骨的研究》，《考古》1985 年第 10 期。

[29] 韩康信、潘其风《关于乌孙、月氏的种属》，《西域论丛》（二），新疆人民出版社 1990 年版。

[30] 韩康信《新疆孔雀河古墓沟墓地人骨研究》，《考古学报》1986 年第 3 期。

[31] 朱泓《山东济宁汉代墓葬人骨的研究》，《考古学集刊》（七），科学出版社 1991 年版。

[32] 朱泓《辽宁朝阳魏晋时期鲜卑墓葬人骨的研究》，《辽海文物学刊》1996 年第 2 期。

[33] 朱泓《内蒙古宁城山嘴子辽墓契丹族颅骨的人类学特征》，《人类学学报》1991 年第 4 期。

[34] 韩康信《丝绸之路古代居民种族人类学研究》，新疆人民出版社 1993 年版。

四 测年技术成果奠定了考古学编年的基础

考古学的年代，可分为相对年代和绝对年代。考古学上的相对年代是指不同文化遗存间早晚的相对关系，绝对年代则是指以太阳年为计算单位的年代。其中相对年代的断定主要根据地层学和类型学的研究方法，而绝对年代的断定则在很大程度上要借助于自然科学的测定方法。20 世纪 50 年代以前，除了以孢粉分析资料所反映的古气候和地理变化作为断代的依据外，考古学只能由地层关系和器物型式的分析得出史前时期各文化的相对年代。自 1950 年碳十四测定方法被引进考古学领域以来，至今已经有放射性同位素、磁性规律、生物规律和物理、化学及其他多种断代技术被应用于遗迹与遗物的年代测定。各种测年方法的使用，为考古学研究提供了一个客观和定量的时间标尺。利用测年技术的成果，初步建立起史前时期诸文化的绝对年代序列，是现代科技在中国考古学中应用的最大贡献之一。

（一）考古年代测定方法的探索

考古学测年方法与一切科学技术方法一样，都是在使用过程中不断完善和发展的。碳十四测年技术问世后，很快遇到了5 万年以上的标本中碳十四含量太低、用衰变法不能测定的问题。因为碳十四的半衰期较短，常规测定方法的有效年限只能达到距今 5 万至 4 万年，对于更早的旧石器时代遗址和石器地点的年代测定自然难以胜任。为了寻求测年范围更长的方法，人们在改进传统碳十四测定技术的同时，又相继采用了 AMS 法、热释光法、铀系法和电子自旋共振等多种新的测年方法。

1. 碳十四测年（C 法）与 AMS 法

碳十四测年方法的发现与应用被誉为是史前考古学发展史上一场划时代的革命。这种测年技术是基于任何生物中都含有一定量的碳十四——即放射性同位素这一基本事实。它是由于中子与大气中的氮相互作用而产生，并与氧结合生成二氧化碳，最后同大气中的非放射性二氧化碳混合在一起被所有生物吸收，与普通的碳形成一定比率（1 个碳十四原子与 10^{12} 个非放射性碳十二原子）。当一个生物体死亡后，它们与大气二氧化碳的交换立即停止，从此其组织内碳十四的含量也将按照放射性衰变的规律而逐渐减少。生物死亡的年代越久，它们体内剩下的碳十四便越少。因此根据考古标本中碳十四含量的多少，可以推断生物死亡的年龄。碳十四半衰期是年龄计算中的关键参数，它的精确度直接影响年龄计算结果的可靠性。美国学者利比测定的碳十四半衰期为 5568 ± 30 年，即按半衰期经过 5568 年，碳十四水平值会减少到原有数值的一半。碳十四半衰期是年龄计算中的关键参数，它的精确度直接影响年龄计算结果的可靠性。因此 20 世纪 60 年代初，人们对碳十四半衰期重新进行了测定，得出了一个新的更精确的碳十四半衰期平均值 5730 ± 40 年，它与原来的半衰期相差 162 年。虽然早已有了新的碳十四半衰期，但为了便于将过去测定的碳十四年龄与现在和今后测定的碳十四年龄进行对照，考古界至今没有明确规定使用统一的新的碳十四半衰期测定年龄。用旧的半衰期测定的年代换算为新的半衰期值需乘 1.03。

随着树木年轮校正关系的建立，碳十四断代方法中不确定的因素大大减少，在大约 1 万年范围之内，其时间标尺的精确度可达 50 年。这样高的精确度是目前任何其他测年方法都不能企及的。但是常规碳十四测年技术中还存在着不少缺点：其一是所需要消耗的样品数量较大，一般需要 1～10 克重的碳；其二是最大可测年限不超过 5 万年，愈接近最大可测年限，测量误差愈大，测量每个样品所需的时间也愈长。这样一来就限制了碳十四测年方法的应用范围，特别是对于不易取到足够碳标本的旧石器晚期时代遗址往往无法测定。

20 世纪 70 年代中期发展起来一种利用加速器质谱仪直接计算样品中碳十四原子数目的断代方法，俗称加速器碳十四断代法，简称 AMS 法。它的突出优点是所需要的样品量极少，只需要几毫克的碳即可，是常规技术的千分之一。这无疑为测定小样品及含碳量极少的样品分析开辟了一条新的途径。对于动植物遗骸来说，单粒的种子或昆虫，使用传统的碳十四技术根本无法测定它们的年代，然而使用 AMS 技术就可以直接测定出它们的年代。埃及南部一个旧石器时代晚期遗址地层中曾发现大麦、豌豆等种子，该遗址地层中木炭的碳十四年龄在距今 18000 年至 17000 年之间。经研究表明大麦粒尚未炭化，于是有人对这些种子是否与地层同时代提出怀疑。但最有说服力的证据应当是样品本身年代的直接测定。其中一颗麦粒经美国阿里松纳大学 AMS 实验室的测定，年代为距今 4850 ± 200 年；一颗软枣经英国牛津大学考古实验室的测定，年代是距今 350 ± 200 年。而用加速器碳十四法测得的该遗址地层中碳屑的年代为距今 17150 ± 300 年，与常规碳十四测定的年龄是一致的。

这些数据无可争辩地证明植物种子是后期侵入的。对于骨器和人骨而言，只需从这类样品不重要的部位上钻取几十毫克或几百毫克材料，在不明显影响样品完整性的情况下就可以进行测年。我国辽宁海城仙人洞旧石器时代晚期文化层的上部第四层出土有人骨架，没有发现明显的后期埋葬迹象，但葬式却是屈肢的。经牛津大学作 AMS 测定，该遗址人骨架两处不同部位所取的样品测年分别为：距今 4840 ± 90 年和距今 5120 ± 90 年。据此，可以断定该遗址的墓葬应是新石器时期的墓葬[1]。加速器质谱仪的使用，意味着碳十四测年技术的应用范围可以大为扩展，同时其最大可测年限有可能延长至 7～10 万年。当然，这种技术也有不完善之处，加之技术极为复杂，造价十分昂贵等，一般的实验室难以配置（图一六、一七）。

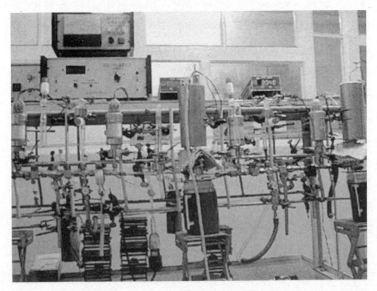

图一六　北京大学碳十四制样设备

图一七　北京大学碳十四质谱设备

2. 热释光测年（TL 法）和 ESR 法

　　热释光测年是一种利用绝缘结晶固体的热释光现象来进行断代的技术。这种断代方法的依据是：当一个物体受热时，在普通红热光之外还发出一种光，这种光代表矿物晶格中曾储存的俘获电子的能量的释放，人们把它称为热释光。在大部分陶器中都有一些能积聚热释光的矿物成分。当烧制陶器时，高温烧结虽已将原料中过去的天然辐射产生的俘获电子驱赶干净，然而随着陶器中放射性原子核衰变而产生的辐射作用，陶器中石英晶体内俘获电子逐渐增加。一旦陶器被埋藏在地下，周围土壤中的放射性射线对陶器也有作用。因此积累的俘获电子数目与陶器烧制后所经历的时间成正比，通过测定这些俘获电子的数目就可以推算出陶器的烧制年代。当然俘获电子的数目不仅取决于样品的年代，还取决于样品所接受的辐射剂量，所以需要测定由陶器本身和陶器周围土壤所产生的辐射，然后再计算实际上对热释光有贡献的辐射剂量。

热释光测年除了可用于确定陶器的年代之外，还可用来确定燧石和其他烧结材料以及黄土、方解石、河湖相沉积等的年代。这种断代技术有许多优点：首先是测定的年代范围较宽，可断定 50 ~ 100 万年之内的样品年代；其次是样品用量少，测量速度快。已见诸报道的有安徽和县人地层和北京山顶洞遗址等旧石器时代的热释光测年数据以及浙江河姆渡遗址、湖北枝江关庙山遗址和广西桂林甑皮岩遗址等新石器时代的热释光年代数据，其中安徽和县人地层的热释光年龄与铀系法的测定结果一致，而桂林甑皮岩遗址最下层陶片的热释光年代与碳十四年代吻合。在国外利用前剂量敏化技术所具有的优点，还将热释光技术应用于对陶瓷珍品真伪性的检验。而利用热释光灵敏元件测每年积累能量的技术替代通常使用的测量方法则是国内开发的热释光测年新技术。王维达等研究者自制了灵敏度甚高于陶片的超薄型 TL 元件，嵌入陶片粉末共存一个月后测其 TL 值，再换算成陶片的年 TL 值[2]。此法的测量值和校正因子较少，所得年代与其他方法一致，有效地简化了热释光的测年方法。热释光断代技术也具有自身的局限性，其主要表现在它的最高精确度取决于样品的埋藏条件和土壤中的含水量。由于样品所受辐射剂量历史的复杂性以及热释光非正常衰退等原因，即使在适当的条件下，误差一般也不应低于 10%。

电子自旋共振，简写为 ESR。它几乎同热释光测年方法一样也要通过测量样品中积累的自然辐射总剂量和年剂量来计算年代。虽然该方法的灵敏度不很高，一般难以测定太年轻的样品，但它可以补充热释光测年方法之不足，完全可用于贝壳、珊瑚、有孔虫、骨骼和牙齿之类热释光断代技术难以测定的样品，而且作为一种非破坏性的分析方法，对于珍贵文物的研究具有重要的意义。这种断代技术测定年龄的跨度较大，可以测定自几千年到几百万年的地质年龄，从而填补了第四纪年代测定中的一大段空白。中国科技大学结构分析开放研究实验室应用电子自旋共振方法，对北京猿人第一个头盖骨埋藏地点所采集的动物牙齿进行了测定，结果获知北京猿人第一个头盖骨的埋藏年代为距今 57.8 万年，并建立了北京猿人第一地点 1~2 层至 12 层的年代表[3]。ESR 方法测定的各堆积层年代与铀系法、裂变径迹法、热释光法和古地磁法等测定的相当层位的年代相符，这在国际测年的事例中也是不多见的。电子自旋共振法作为第四纪的一种新的重要测年方法具有很大的发展前途，正受到考古学家越来越多的重视。

3. 古地磁测年法（PM 法）

20 世纪 30 年代法国学者利用古建筑的砖和古窑烧土，对地磁场方向和强度进行了大量的测定和研究工作，并总结出计算强度逐步热退磁的方法。这一经典方法一直沿用至今。目前用于考古学的古地磁断代方法有两种形式：一种是利用热剩余磁性进行断代，另一种是利用地层沉积磁性随地磁极性倒转而倒转的现象进行断代。严格地说，古地磁测年并非独立的绝对年代测定方法，而是一种"比较测年方法"。因为它既要依靠由已知年代样品预先所建立的古地磁随年代变化的实验曲线作为参考标准，还要依靠由钾氩法等同位素方法预先建立的连续地层的地磁极性年表作为参考标准。

沉积磁性断代通常用于旧石器时代古人类遗址的断代。我国元谋、蓝田、周口店等旧石器时代早期遗址的年代最初都是由古地磁方法测年的。但由于沉积地层的原始剩余磁性很弱,实测的地层磁性与标准地层极性年表之间的对比有相当大的不确定性,因而这些年代数据尚有待于同位素测年方法的证实和进一步精确化。例如,我国两个古地磁实验室虽然都把元谋猿人化石层位定为距今 170 万年左右,但他们所测定的元谋磁性地层的正反序列并不完全一致。而有的学者将上述两个实验室所测得的元谋磁性地层与极性年表对比后认为,元谋猿人化石层位的年代为距今 50~60 万年[4]。由此可见,古地磁测年方法的确存在一定的问题。在使用这一方法测年时,应尽可能有一两个同位素年龄数据作为与极性年表对比时的基准点。

热剩余磁性断代,适用于窑、炉、灶、砖、瓦、陶瓷等被加热过的材料,一般用于新石器时代以来各种经过高温烧结的人类文化遗迹和遗物的断代。20 世纪 70 年代中期,我国磁学者与考古学者合作,先后对北京、陕西、河南和河北等地区的古磁场进行了研究。20 世纪 80 年代,有关部门利用磁性断代技术对山西襄汾陶寺遗址及附近地区仰韶文化至战国时期的十五个(组)陶窑、烧灶或居住面的烧土标本进行了测量实验。根据测出的偏角、倾角和总强度数值在标准曲线上的位置,陶寺早期的两座陶窑对应在公元前 2380 年和公元前 2300 年处,这一推断年代与陶寺早期碳十四测定的年代相符;而西周早期陶窑烧土标本磁断代推定为公元前 1200 年,这个数据与历史学家推算的西周早期年代相比,时间提前了 100 至 200 年[5]。磁性断代最大的困难是地区性(大约 1000 平方公里范围内)

标准曲线的建立。由于考古地磁数据的积累比较慢，考古发掘在一个地区也是有限的，因此我国至今尚未完成某一地区理想的标准曲线，磁性断代应用的实例也不多见。

4. 铀系测年法（U系法）

铀作为一种放射性元素在土壤和各种矿物中或多或少地存在。铀系法是利用铀的诸同位素和它们的子体之间放射性平衡的破坏与重建来测年的，主要可用于人类和哺乳动物的牙齿、骨骼以及石灰岩洞穴中的石笋、石灰华、钟乳等碳酸盐沉积物的断代，其测年范围为 0.5~35 万年之间。在热释光断代技术未发展起来之前，它是唯一能对距今 10~3 万年前的考古样品提供绝对年龄的一种断代技术。不过，铀系法测定骨化石年龄的最大困难是骨化石对铀并非总是封闭性的问题，因而人们一度对铀系法测定骨化石年龄的成功可能比较悲观。经国内外大量的研究表明，如果同时测定铀、钍和镤之间几对同位素的放射性活度比值的话，有可能判断化石是否封闭，从而给出骨化石可信的年龄值。20 世纪 80 年代发展起来的热电离质谱铀系测年法，大幅度地提高了数据的精度并以此拓展了铀系法的测年范围，使测年范围扩充至距今 50 万年成为可能。20 世纪 90 年代我国学者与国外学者合作，在加拿大魁北克大学蒙特利尔分校的实验室采用高精度热电离质谱铀系法测定了北京猿人遗址 1~2 层钙板样 BZC－3 的铀年代，经分析该样应为距今 41±1 万年，代表了北京猿人 5 号头骨的最小年龄[6]。

据统计，我国有关实验室用铀系法测定并公布了二十多个重要旧石器遗址及地点的年代数据。从这些铀系年龄值在已发表的旧石器时代遗址年龄数据中所占的百分比来看，铀系法已经成为旧石器时代中晚期的最主要的断代手段。

5. 其他测年方法

应用于考古学的测年技术还有以下几种，但与上述测年方法相比，其应用的范围并不太广泛。

（1）钾氩法（K – Ar 法）

钾氩法是利用矿物质中钾 – 40 衰变成氩 – 40 的原理进行断代的技术。该方法主要用于断定火成岩的年代，测年范围在10 万年以上。最典型的例子是对非洲奥莫盆地人类化石层中的火山岩的测定，在 200 米厚连续无间断的黏土、沙沉积层中夹杂了十二层火山灰层，结果表明火山灰层的钾氩年龄自上而下为距今 400 至 150 万年，可作为各堆积层中发现的石器与化石的时标。中国科学院贵阳地球化学研究所利用这一技术对北京周口店北京猿人遗址以西 200 公里处采集的玄武岩样品（与周口店的地层年代相同）进行了研究，测得的地层年代为距今 47 ± 8 万年[7]。钾氩法用于测定旧石器时代晚期文化的年代时，因时代较晚，误差亦相应增大。目前，在我国早期旧石器地点中尚未找到适宜这种方法测年的样品。

（2）裂变径迹法（Ft 法）

裂变径迹法是利用铀 – 238 自发裂变径迹数来进行断代的技术。它可以对埋有古人类化石的火山岩层、古人类的火堆中被充分烧过的矿物晶粒、陶器中的锆晶粒、人工玻璃等进行断代。总之，只要考古样品中含铀量较高、能记录裂变径迹，又曾经高温退火，就可以使用裂变径迹法进行断代研究。国外曾用这种方法对非洲奥杜威遗址第一层中的火山岩进行断代，得到的年代值为 2.08 ± 0.28 百万年，与钾氩法得到的年龄结果一致。我国使用该方法对北京周口店第一地点第 10 层和广西百色旧石器遗址的年龄进行了测定。在北京周口店第一地点第

10 层发现了北京猿人的用火遗迹，从该层灰烬中采集了五十五颗榍石样品，共测到自发裂变径迹一百五十九条，从而为第 10 层提供了可信度较高的年龄值，即距今 46.2 ± 4.5 万年[8]。这一年龄值是目前所知人类用火最早的年代。20 世纪 70 年代在广西百色盆地右江河谷砖红壤阶地上发现了大量石器，20 世纪 90 年代又发掘出与石器同层位且未经人工或自然搬运的玻璃陨石，经裂变径迹法测定，得到百色旧石器遗址的年代为 0.732 ± 0.039 百万年[9]。

（3）氨基酸外消旋法（R 法）

此法是利用氨基酸化学变化速度来测定年代的。其原理是根据动物或人类死亡后体内原生的 L 型蛋白质氨基酸逐渐向 D 型蛋白质氨基酸转化，最后达到平衡以至使旋光作用消失，这种现象称为外消旋反应。从骨头化石样品中 L 型和 D 型蛋白质氨基酸的比例及其所处的环境温度，可以确定动物或人类的死亡年代。但外消旋速度取决于骨化石埋藏环境，特别是依赖于环境温度，而骨化石埋藏处的环境温度历史很复杂，精确地确定非常困难。如果事先不能准确地确定这些环境参数，则该法所测定的年龄值就误差较大。为此，人们利用样品所在地层中已知的同位素年代数据来确定镜象对映体之间的平衡比值等手段，来提高该法的可靠性和精确度。虽然氨基酸外消旋法的准确性和可靠性较差，但所需样品的量极少且容易采集，从深海钙质沉积物到陆相地层化石中的氨基酸都可用来测定年龄，测定方法也简便易行，预料在不远的将来会得到更大的发展。

我国已发表的用氨基酸法测定的旧石器年代数据还不多。据测定，在假设北京周口店第一地点的平均古温度为 11.6°C 的条件下，得出第 11 层马牙的氨基酸年龄为距今 46 万年，这与热释光和裂变径迹等方法测定的数据有较大的偏差。有的学者认为该地点的样品受污染十分严重，因而影响到其测定结果的可靠性。关于周口店北京猿人产地的氨基酸年龄，其可靠性还存在一些问题，对古温度值的取法不当可能也是影响测定结果准确性的一个重要原因。因此在无其他同位素年代数据佐证时，对氨基酸年龄数据持谨慎态度是有益的[10]。

关于测年的方法，还有黑曜岩水合断代、骨化石含氮与氟量断代以及穆斯堡尔谱学断代等，但在我国考古学中的应用尚不多见。不同的断代方法，其测定的对象、测定的范围与精度也不尽相同。对于考古遗存的测年来说，需要选择适当的断代方法，并且最好能将几种不同断代方法得到的结果进行对照。

（二）考古年代学研究的进展

自 1972 年我国第一批放射性碳十四测年数据公布以来，全国各地的实验室已提供大量的年代数据。据不完全统计，到 1991 年，有关中国考古学方面的碳十四年代数据就已达二千余个，还有数以百计的热释光和铀系方法等方面的测定数据。各种测年技术手段的建立，为各地区史前考古学文化奠定了建立绝对时标的坚实基础，使中国史前考古学的编年获得了一个新的科学框架，将考古年代学的研究向前推进了一大步。

1. 旧石器时代年代序列的建立

我国旧石器考古中采用的测年方法主要有：铀系法、古地磁法、钾氩法、裂变径迹法、氨基酸外消旋法、热释光法以及碳十四断代等。1988 年陈铁梅依据年代测定技术的主要成果，已排列出从距今 180 万年至 1 万年之间我国主要的旧石器和古人类化石地点的绝对年代序列[11]。旧石器时代遗址的时间跨度较大，自距今几百万年到几万年间都有发现，各种测定年代方法适用的时段亦多不相同。目前我国旧石器时代的年代数据绝大部分是由古地磁法、铀系法和碳十四法测定的，而裂变径迹法、氨基酸法、热释光法等方法所测定的考古年代数据还较少。

古地磁法断代是测定距今 35 万年以前第四纪沉积地层年龄的主要方法之一。华北地区的西侯度和西南地区的元谋人是我国已知的旧石器时代早期最早阶段的旧石器地点和人类化石，据古地磁方法断代，其年代分别为距今 180 万年和 170 万年。尽管对于元谋组地层古地磁测定结果尚有着完全不同的解释，但其年代的测定，无疑为探索我国旧石器时代早期阶段的猿人及其文化开辟了新的领域。

距今 30 万年至几万年间是铀系法测定年代的最佳时段。这一时段的旧石器时代遗址，我国已发现多处，华北地区的大荔人和丁村文化及许家窑文化、华中地区的石龙头地点等旧石器时代中期的文化基本上都可以通过铀系法测定的结果排列出时代序列。据铀系法测定断代，上述文化遗址的年代大约在距今 30 万至 10 万年左右。

几万年以内的旧石器晚期遗址，除铀系法外，应用较多的就是碳十四测定方法。碳十四法对数十个旧石器时代地点的测年数据已积累有近百个。据碳十四方法测定，东北地区的榆树周家油坊、华北地区的周口店山顶洞和安阳小南海、东南地区的阳春独石仔以及西南地区的柳州白莲洞和大龙潭等旧石器时代晚期文化遗址，年代为距今 4 万到 1 万年之间。

华北地区周口店第一地点是唯一采用多种测年技术手段配

合地层分析进行综合研究的重要遗址，据热释光法、铀系法、裂变径迹法等多种同位素方法和古地磁法以及氨基酸法的测定结果，北京人文化延续的时间为距今 70 万至 20 万年左右。各种测年方法所得到的结果基本吻合，有力地提高了周口店第一地点各层年代值的可信度。

无论在实验技术方面，还是在年代数据的积累上，我国旧石器时代的年代学都取得了长足的发展，为我国古人类和旧石器时代各阶段文化的发展构成了一个绝对年代框架。但比较而言，旧石器考古年代学尚未具有新石器年代学所具有的那种确定性和认识上的统一性。如，对于云南元谋人地层古地磁的测定结果就有着完全不同的解释，有的定位在距今 170 万年左右，有的定位在距今 60 万至 50 万年。两者用的是同一组实测的磁性地层，同一标准的极性年表对比，得出的年代值却相差得如此悬殊。再如，已发表的用碳十四、加速器碳十四、铀系法和热释光等多种不同方法测定的周口店山顶洞人遗址的七组年代数据，从距今 5 万年到距今 10770 年，很不一致。究其原因，一方面是由于古人类化石和旧石器地点多是因自然营力而形成的堆积，又可能经历了再次搬运重新堆积等复杂的地质历史过程，这种复杂的地层情况，对野外采集测年样品和实验室分析都提出了更高的要求，使人们对所得年代数据的意义及代表性的认识也趋于复杂化。另一方面是由于加速器碳十四造价昂贵而常规碳十四方法一般只能测定晚于距今 4 万年的地层，对于更早的遗址和石器地点的年代则需要使用其他方法测定，可是现有的各种第四纪年代测定方法在可靠性和准确性上都远不如碳十四方法那样成熟。这些当是造成旧石器考古年代学中年代数据分散性和不确定性的主要原因。为了建立完整的旧石器时代考古年代序列，考古工作者和年代学工作者应通力合作，分层仔细采样，分析所采集的样品与样品所在地层间的关系，并在遗址的同一层位采集多种样品，同时使用两种或两种以上的方法测定，力求准确地测定出各考古遗址的年代。

2. 新石器时代年代序列的建立

新石器时代的考古遗址一般都采用常规碳十四方法测定年代，碳十四方法是目前第四纪测年诸方法中理论前提最坚实、实验技术最成熟的方法，其误差较小因而数据比较可靠。我国各地区的各种新石器文化，从其形成、发展到消亡乃至分期，一般都能以优于一二百年的精确度被确定。早在1977年夏鼐就总结了我国新石器文化和青铜文化的碳十四年代数据，并提出了各地区新石器文化的排列顺序和绝对年代[12]。正是由于碳十四方法的普遍应用，才使不同地区的各种新石器文化有了时间关系的框架，建立了较为完整的年代序列，从而将中国新石器时代的考古推进至一个崭新的时期。

考古调查和发掘中遇到新的文化遗存时，往往会出现因没有清楚的地层叠压关系而难以判断出早晚的情况。例如，裴李岗文化的遗存早在20世纪60年代初期就已被发现，但当时无法从地层关系上判断其年代的早晚，仅仅将其划归为原始社会的文化遗存而已。直到1977年才通过碳十四测定，初步认定为新石器较早阶段的文化遗存。随着裴李岗文化内涵的确定和莪沟北岗、长葛石固、舞阳贾湖等几处典型遗址碳十四年代数据的测定，基本上确认裴李岗文化的年代为距今8000年至7000年之间，该文化前后延续发展了千余年。

新石器时代早期文化遗存的确定与碳十四测年在考古学领域的应用是密不可分的。据碳十四测定的结果，河北徐水南庄头遗址的年代为距今 10500 年至 9700 年左右，是黄河流域地区已知最早的新石器时代文化遗存。湖南澧县彭头山遗址的年代为距今 9100 年至 8200 年左右，是长江流域地区已知最早的新石器时代文化遗存。从碳十四测定的年代数据看，华南地区被认为可能属于早期新石器的地点有：桂林甑皮岩、南宁豹子头、柳州白莲洞、隆安大龙潭、阳春独石仔、封开黄岩洞、万年仙人洞等十余处。这些遗址都处于石灰岩地区，这种特殊的自然地理环境对碳十四年代数据真实性的可能影响一直为人们所关注，考古学家在采用这些数据时往往抱着极其谨慎的态度。为了研究石灰岩地区碳十四样品的适用性及华南早期新石器遗址的年代，北京大学考古学系和中国社会科学院考古研究所碳十四实验室的有关人员于 1978 年和 1979 年两度赴桂林和南宁地区考察、采样测定。通过对样品的测定结果与样品的形成年代以及地层堆积年代之间的相互关系等多方面探讨，甄别出可能归属于早期新石器的一些碳十四年代数据。经研究，甑皮岩遗址分早晚两期，早期的年代在距今 9000 年以上，晚期的年代在距今 7500 年左右；白莲洞和大龙潭遗址在时间上延续长达二三万年以上，不宜笼统地都归入新石器早期文化；而豹子头、黄岩洞等遗址缺乏可靠的（木炭、兽骨）或基本上可用的（钙华板、人骨）碳十四数据，只有螺蚌壳年代，姑且作为参考[13]。各地区新石器早期文化遗存的确认，填补了考古学上长期以来新石器时代早期文化研究的缺环。

仰韶文化是我国分布范围极为广泛的一种新石器时代考古遗存，几乎遍及整个黄土高原地带。各地的文化面貌不尽相同，出现了不同的文化类型，其中半坡类型与庙底沟类型的先后关系问题，曾一度争论不休，或以为半坡类型较早，或以为庙底沟类型较早，或以为两者同时平行发展。郏县下孟村的发掘，用层位关系证明半坡类型早于庙底沟类型。两种类型一系列标本的碳十四测年数据表明，半坡遗址四个标本的年代约为公元前 4770 年至前 4429 年，而庙底沟遗址标本的年代约为公元前 3910 年，比半坡类型最晚的数据还要晚好几百年。这对于两者先后关系的确定，提供了一个有力的旁证。根据五十余个碳十四数据的综合分析，仰韶文化的年代约为公元前 4900 年至前 2500 年，与该文化各种类型的层位叠压关系和文化发展规律基本相符。

从目前的情况看，我国中原地区、黄河下游地区、黄河上游地区、长江下游地区、长江中游地区、东北地区和华南地区新石器时代各种文化的绝对年代和相互关系已基本上得到解决，这与碳十四断代的成功也是密切相关的[14]。

3. 夏商周时期的断代探索

历史上的夏代属于传说的范畴，文献中所见的夏代年数也颇不一致。自 1959 年徐炳昶开始调查夏墟以来，人们期待着从考古学上确认何种考古遗存为夏文化，以证实并补充夏代的历史。河南龙山文化晚期和二里头文化被作为探索夏文化的主要对象，经北京大学、中国社会科学院考古研究所等有关部门对王城岗遗址和二里头遗址所采集的系列含碳样品的碳十四测定与拟合，推定以王城岗遗址二至五期为代表的河南龙山文化晚期的年代范围是：公元前 2120 年至前 1920 年，二里头文化的年代范围是：公元前 1800 年至前 1540 年。随着测年工作的进展，夏代基本年代框架的建立已有了考古学依据。

探索夏商分界并提出商代前期的年代框架是建立夏商周年代学的重要支柱。通过对偃师商城、郑州商城和小双桥商代遗址等相关遗存的分期和年代测定，可将商前期考古学文化分为六期。据二十多个样品的系统测定拟合，推断商前期一至四期的年代范围为：公元前 1610 年至前 1410 年。若以偃师商城、郑州商城的始建年代作为夏商分界的标志，根据碳十四测年数据和考古分期成果的整合，可以初步推定夏商分界当在公元前1610 年至前 1580 年之间。

武王伐纣之年既是商周的分界年，又是西周的始年，因而成为夏商周三代年代学的关键。自西汉刘歆以来，有关伐纣之年的结论不胜枚举，在迄今有影响的四十四种说法中，最早的为公元前 1127 年，最晚的为公元前 1018 年，早晚年代相差百年以上。1997 年发掘的沣西 H18，据考古学家确认为先周文化最晚的单位，时代相当于文王迁丰到武王伐纣之间。经对H18 坑内系列样品的碳十四测年，可以推定出武王伐纣之年的范围为公元前 1050 年至前 1020 年，从而将武王伐纣之年的范围缩小到三十年之内。天文学家以最新手段计算所得的结果证实，武王伐纣时呈现在天空的那颗岁星（木星）的出现时间为公元前 1045 年，这一结论正好在上述考古测年范围内[15]。碳十四的测年，有可能为商周分界找到考古学年代的界标。

西周考古学文化序列的研究和测年，也是建立西周年代学的坚实基础。北京西南的琉璃河西周燕都遗址是早期燕国始封地，该遗址重要的发现之一是在 H108 中出土了刻有"成周"两字的卜骨。"成周"为成王时在洛阳营建的东都，"成周"卜骨的出现，说明以 H108 为代表的遗存不会早于"成周"的建设，即其年代上限不应超过成王时期，为确定成王的年代找到了一个定点。另一个重要的发现是在 M1193 中出土了有铭文的铜器。据研究，克盉、克罍铭文中的"王"指成王，而

"克"就是第一代燕侯，即召公之"元子"。M1193应是他的墓葬。经AMS法碳十四测年结果，H108的年代为公元前1050年至前960年，M1193椁木的碳十四年代为公元前1000±15年，两组数据可以相互对照。该遗址的采样测年，无疑有助于西周早期年代问题的解决。

山西天马—曲村遗址是西周成王时分封的早期晋国都邑所在。20世纪90年代初在遗址中揭露出八组十七座晋侯及其夫人的大墓，经与《史记·晋世家》的文献记载对照研究，推定为晋武侯至晋文侯前后相继的八位晋侯。其中部分墓葬已有了碳十四测年数据，如M8献侯的年代为公元前808±8年，与《史记》记载的献侯卒年（即公元前812年）相吻合[16]。晋侯年表的确立，为西周列王年表的建立提供了一定的参照标尺。不过，在运用测年数据论证历史事件具体的纪年之际，需要格外慎重。因为这既要求测年方法的绝对精确，还要求采样品的绝对可靠，而现有的测年技术尚难以达到尽善尽美。

测年技术的应用前景十分广阔，不仅可以在考古年代学方面作出重要贡献，还可用于对植物种子、石灰、木炭、人与动物骨骼残骸等标本的测定和分析，以及珍贵历史文物真伪的鉴定。随着科学技术的进步，它将在考古遗存古环境、古地质和古气候等各个方面的研究中得到广泛的应用。

注 释

[1] 陈铁梅《碳十四测年的加速器质谱方法与考古学研究》，《考古与文物》1990年第2期。
[2] 王维达等《用热释光元件测定陶器的年热释光量》，《考古》1983年第7期。

[3] 金嗣召等《电子自旋共振测年在史前考古和历史考古中的应用》,《科技考古论丛——全国第二届科技考古学术讨论会论文集》, 中国科学技术大学出版社 1991 年版。

[4] 刘东生等《关于元谋人化石地质时代的讨论》,《人类学学报》1983 年第 1 期。

[5] 张维玺《陶寺遗址附近地区考古地磁研究》,《考古》1989 年第 10 期。

[6] 沈冠军等《高精度电离质谱铀系法测定北京猿人遗址年代初步结果》,《人类学学报》1996 年 15 卷 3 期。

[7] 中国社会科学院考古研究所编《考古工作手册》, 文物出版社 1982 年版。

[8] 刘顺生等《裂变径迹法在北京猿人年代测定中的应用》,《北京猿人遗址综合研究》, 科学出版社 1985 年版。

[9] 郭士伦等《用裂变径迹法测定广西百色旧石器遗址的年代》,《人类学学报》1996 年 15 卷 4 期。

[10] 王将克等《氨基酸测年法及其在考古学和古人类学研究中的应用》,《史前研究》1986 年第 1、2 期。

[11] 陈铁梅《我国旧石器考古年代学的进展与评述》,《考古学报》1988 年第 3 期。

[12] 夏鼐《碳十四测定年代和中国史前考古学》,《考古》1977 年第 4 期。

[13] 原思训《华南早期新石器碳十四年代数据引起的困惑与真实年代》,《考古》1993 年第 4 期。

[14] 仇士华等《科技方法在考古学上的应用》,《中国考古学年鉴》(1990 年), 文物出版社 1991 年版。仇士华等《考古断代方法的述评》,《科技考古论丛——全国第二届科技考古学术讨论会论文集》, 中国科学技术大学出版社 1991 年版。

[15] 李政《夏商周断代工程的重要进展》,《中国文物报》1998 年 12 月 30 日。

[16] 仇士华等《晋侯墓地 M8 的碳十四年代测定和晋侯稣钟》,《考古》1999 年第 5 期。

五　微观解析与考古学的宏观研究

考古学的传统方法是用富有经验的眼睛对考古遗迹和遗物的形制、质地等外表特征进行直观描述，并通过各种考古遗存的形态变化来研究考古学文化的发生、发展和消亡的过程。然而考古遗迹和遗物除了外表特征之外，还包含着诸如材料的成分结构以及制造工艺等方面潜在的信息。这些潜在的信息，单凭肉眼观察与直接经验是难以获取和准确判断的，需要更多地依赖于自然科学的各种现代技术手段。

早在 18 世纪的时候，欧洲人就曾考虑用化学的方法分析古物的成分问题。进入 20 世纪，现代物理的、化学的分析方法和各种分析仪器被广泛应用，并迅速扩大到考古等各个领域。从 20 世纪 20 年代到 50 年代初期，我国基本上是依靠古代历史文献的考证，对古物的成分加以现代科学的解释。20 世纪 50 年代中期至 60 年代中期，主要采用物理、化学和金相学等手段对出土文物进行检测，藉以探讨古青铜合金配比、古钱成分的演进、瓷釉成分和烧成温度等课题。20 世纪 70 年代末期以后，中子活化分析、X 荧光分析等高灵敏度且非破坏性分析技术的发展，使人们有可能同时对器物的微量元素组成、甚至对同位素组成进行分析，从而揭示出常规化学分析所不能揭示的器物内含的历史信息，尤其是关于器物原产地的信息。科学地分析考古遗迹和遗物的成分结构，了解其原料的来源、制造工艺和用途，对于考察古代生产和技术发展水平、商品交

换与流通情况，以及社会发展历史等方面的研究都具有十分重
要的意义。

（一）微观解析的手段

应用于考古领域的分析技术，主要包括物质结构分析技术
和化学元素分析技术两大类。所谓物质结构分析技术是指对考
古标本中存在的某种矿物或化合物以及结晶相粒度方面的分
析，从而可以确定诸如陶器的烧结温度等问题；而化学元素成
分分析技术则是指对考古标本中不同的元素所占比例的分析，
对于陶器来说根据这些元素成分的信息可以确定其烧制时所用
黏土的原料来源等问题。

1. 物质结构分析技术

考古学领域中应用较为广泛的物质结构分析技术有：热分
析、扫描电子显微镜、X 射线衍射、红外吸收光谱、核磁共
振、穆斯堡尔谱等。

（1）热分析技术

热分析技术是分析标本在从室温加热到 1000°C 过程中的
结构变化和物理化学变化。具体分析方法有差热法、热重法和
热膨胀法。差热分析是在控制温度的前提下，测量样品和参比
物之间的温度差与温度关系的一种技术。热重分析是一种测量
物质重量与温度关系的方法。热膨胀则是通过改变温度来测量
物质体积变化的方法。热分析技术可用于鉴别古代的玻璃、纸
张、漆木、陶瓷以及冶铁的矿石、炉渣等出土物。我国学者曾
应用差热分析技术与其他现代分析技术相结合的方法，对出土
的汉代漆器残片样品进行综合剖析，证实在西汉漆器制造中已

使用桐油或其他添加剂，并在此基础上对汉代漆器的原材料差异作了初步探讨[1]。

（2）扫描电子显微镜

扫描电子显微镜是一种分辨率极高的精密仪器。它能够凭借高能电子与物质原子间的相互作用来识别物质结构和微区成分，可用于研究种类广泛的材料表面性质和内部结构。20世纪60年代末扫描电子显微镜就受到考古学家的重视，现已成为考古研究中使用的一种快速、直观、综合的现代分析仪器。扫描电子显微镜在考古中应用较多的是对古代陶器和金属器的研究。

国外曾利用它研究古陶的表面形状、晶粒大小和相互结合的情况以及玻璃化的程度等，从而进一步推断其烧结温度，还用于对石器表面的擦痕、牙齿表面的磨损痕迹和生物材料的细胞结构等样品的分析。国内应用较多的是对金属制品微观结构的检测。我国汉镜的表面乌黑且光泽似漆，有"黑漆古"的美称。经扫描电子显微镜等方法分析，发现铜镜由表层和基体两部分构成，从平均成分看，镜体是含锡量为23%的锡青铜，并含有2.6%的铅；表层主要是氧化锡，还存在部分铜、铅和硅等原合金颗粒。由此可知，汉镜的"黑漆古"是因其表面镀锡所致，今天镜面上的"黑漆古"应为当年的白锡镜面。白锡镜在历时近二千年的过程中，表层锡不断被氧化，体积逐渐增松，但作为镜面骨架的铜锡合金并未氧化，从而对汉镜"黑漆古"现象的成因作出了科学解释[2]。

（3）X射线衍射

X射线衍射是一种物相鉴定的有效手段。它让一束单色X

射线照射样品，依据样品中存在的晶体的不同，在不同的角度
上反射出 X 射线。如果用底片记录来自样品的反射 X 射线，
它们将形成一种与样品物质内晶体构造密切相关的衍射图形。
通过对这种衍射图形的研究，就可以确定样品中存在的矿物质
面貌，进而推断其产地。古陶的制造原料中主要是黏土、石
英、长石、高岭土等矿物，而 X 射线衍射分析正是对矿物成
分鉴定的最有效的方法之一。利用这种分析技术，可以辨别不
同地方制作的陶瓷器，并能够研究其工艺过程。X 射线衍射方
法除了可以用于对古陶方面的研究以外，还可以对金属表面、
木器彩漆和无机颜料等考古样品进行分析研究，并能得到满意
的结果。我国学者曾对云冈石窟古代壁画的颜料进行 X 射线
衍射分析，第一次发现了用砷酸醋酸铜作为壁画的颜料，这在
以往的文献记载中是前所未见的[3]。

（4）红外吸收光谱

红外吸收光谱是一种分析物质结构的有效方法。当用红外
光照射物质时，物质结构中的质点会吸收一部分红外线的能
量，使质点振动能量发生跃迁，从而使红外光谱透过物质时发
生了吸收并产生红外吸收光谱。红外光谱中被吸收的特征频率
取决于被照射物质的化学成分和内部结构，所以物质的红外光
谱又是其本身分子结构的客观反映。红外吸收光谱的分析对象
可以是固体、液体或气体。考古上通常用于分析绘画的颜料及
各种有机物，如食物、油膏、琥珀、树脂等，还用于鉴别石器
或陶器原料中的矿物相。日本学者利用红外成像技术成功地释
读了完全看不见文字的漆文书。1978 年 6 月，多贺城址出土
了一批漆纸文书。在古代加工漆的工人们为了不使漆因接触空
气而干燥，使用写过字的废纸当作装漆罐的塞子，由于染上漆

的纸不易腐烂而残留下来，这就是所谓的漆纸文书。由于可视光线在漆的表面反光，人们只能看到纸上茶褐色的漆，但红外线可以透过漆层反射到纸的表面，利用红外线成像技术可将写在纸上的文字清晰地显示于画面上。经释读，多贺城址的漆纸文书为历书、备品和工资的申请书、条里制的手册等[4]。我国学者也利用这种分析技术对史前时代的漆膜进行了研究。1977 年浙江余姚河姆渡遗址出土了一件木碗，它由独木剜成，呈椭圆瓜棱状，器壁外有一层微带光泽的朱红色涂料，与漆膜极为相似。通过以裂解色谱/傅里叶红外光谱联用技术的鉴定结果，证实了河姆渡遗址木碗上的朱红色涂料确为生漆漆膜，这是我国已知发现最早的生漆漆膜[5]。

（5）核磁共振

核磁共振是利用物理的原理来分析物质结构的一门新技术。从原子物理中可知，原子核有电荷又有自旋，因而具有核磁矩。核磁矩在外磁场中会出现磁能级分裂，若用适当的电磁波作用它们，则可观察到这些能级的跃迁，产生核磁共振。通过对核磁共振行为的观测，就可以得到物质组成、结构及其变化过程等方面的信息。国外利用核磁共振技术在水解植物油、水解动物脂肪和琥珀等有机考古样品的鉴定、测试方面发挥着很大的作用，人们还将其用于对考古出土容器中的残留物及骨头的研究，都得到了较好的效果。国内这方面的报道在有关考古学的文章中很少见。

（6）穆斯堡尔谱

穆斯堡尔谱是建立在观察固体中的原子核对 γ 射线无反冲发射和共振吸收基础上的一种微观信息谱。通过改变入射于标本物质的 γ 射线能量，去引起目标核能级的无反冲共振吸收，便可以测得该标本的穆斯堡尔谱。穆斯堡尔谱能够提供标本中有关该目标直接的结晶学环境信息，可广泛用于含铁考古标本的研究，因此被形象地称为揭开铁的微观奥秘的钥匙。穆斯堡尔谱技术自 20 世纪 60 年代末进入考古领域以来，应用最为广泛的是对于古陶器的研究。我国学者通过对二里头文化和河南禹县龙山文化陶片的穆斯堡尔谱分析研究，发现两者在原料和烧成温度上大体一致，为探讨二里头文化与河南龙山文化的关系提供了新的线索[6]。穆斯堡尔谱不仅可以反映古陶原料的结构成分和烧制技术等方面的信息，还可以测定其考古学年龄。此外，这种技术还可用于黑曜石、铜器、海洋和湖泊沉积物等多种考古标本的分析。在许多情况下，穆斯堡尔谱技术是一种对文物不破坏或破坏性很小的分析技术，比其他检测技术更具有优越性。虽然该方法也存在一定的局限性，但在考古学领域中仍不失为一种具有潜力的先进技术。

2. 化学元素分析技术

目前已经应用于考古学领域的化学元素分析技术有：中子活化分析、原子吸收和原子发射光谱、X 射线荧光分析、离子束分析和铅同位素分析等。

（1）中子活化分析

中子活化分析利用原子核反应堆产生的中子标本，使中子与标本物质中的原子核相互作用生成放射性的核素，然后测出放射性核素衰变时放出的缓发辐射或瞬发辐射，从而实现对元素的定性和定量分析。中子活化分析在考古学中的应用，最初主要集中于对古代陶瓷器的微量成分进行分析，尔后逐渐扩大到对玻璃、铜镜、黑曜石等考古样品的研究。杭州乌龟山窑址是目前唯一被发现的南宋官窑遗址，前后经历一百四十余年。

针对该遗址不同时期、不同釉色和以不同工艺烧制的官窑瓷器的釉料与胎料的原料产地等问题，研究者应用中子活化分析技术对不同时期南宋官窑瓷器的釉和胎以及遗址中缸内或练泥池内的原料、紫金土等进行检测，得到了三十六种微量元素的含量及九种指纹元素焊料等有关南宋官窑瓷器原料来源的有价值信息，研究结果证实古官窑瓷器的釉料为一类，而胎料则属于另一类，这说明南宋官窑已经拥有长期稳定的釉料产地与胎料产地[7]。中子活化分析是一种具有高灵敏度、高选择性的分析方法，它同时可测定出样品内的多种微量元素，并通过其同性或异性特征来确定标本的产地和材料来源，在古陶瓷原料来源的研究方面具有独特的优势。

（2）原子吸收光谱

原子吸收光谱是基于气态自由原子对同种原子发射出的特征光谱的吸收现象，来确定物质中的元素及其含量的一种分析方法。任何一种元素的原子，由基态跃迁到激发态所需要的能量是一定的。如果辐射波长的能量等于原子由基态跃迁到激发态所需要的能量时，就会引起原子的吸收。原子的吸收取决于原子能级的跃迁，原子由低能被激发到高能，必须吸收相应于两个能级差的能量。原子吸收光谱正是利用了基态原子对特征辐射光的吸收这一原理。它的灵敏度较高，适用于分析金属和非金属等有机制品，在考古学中应用得十分广泛。国外学者曾利用原子吸收光谱仪分析了我国北方晚唐和北宋时期的陶片，测出了九种主要元素和微量元素的含量，发现不同窑址的陶片有着不同的化学组成。

（3）原子发射光谱

原子发射光谱是根据物质的原子从激发态跃回基态时发

出的光具有一定波长的特征，来确定其所含元素的成分。原
子发射光谱与原子吸收光谱一样，特定波长的光谱线对应于
考古标本中特定的元素种类，因此原子发射光谱可用于分析
陶瓷器中的常量、微量和痕量元素以及各种金属器物的化学
成分。较为常用的发射光谱有两种，即激光显微发射光谱和
电感耦合等离子体发射光谱。前者利用激光作为光源，具有
检测限低、不用制备样品和"无损分析"等优点；后者则利
用等离子体作为光源，具有较高的激发能力及分析速度快、
范围宽和基体影响小等特点。我国有一种线装古书，在扉页
和封底各装订一张涂有橘红色涂料的纸，这种纸被称为"万
年红"。人们发现凡是装有"万年红"的古籍均未被虫蛀，
而同时期或晚期没有装订"万年红"的书籍大部分都严重被
虫蛀损。经过对"万年红"进行激光显微发射光谱的研究，
在这种纸涂料里检测出了铅的成分，从而搞清了其防虫蛀的
原因[8]。

（4）X射线荧光分析

X射线荧光分析是借助于X射线来识别原子种类的一种
方法。当X射线照射物质时，除发生散射和吸收现象外，还
可以使原子内壳上的电子电离，这样原子外壳上的电子会跃迁
到内壳上以填补内壳上的空位。在电子的这类跃迁过程中会发
射出一定能量的X射线，即次级X射线，这种次级X射线在
习惯上被称作X射线荧光。X射线荧光的波长与入射X射线
的波长不同，它只取决于物质中元素的种类。因此测定荧光X
射线的能量或波长，就可以确定物质的元素组成及其含量。X
射线荧光分析具有制样简单、试样材料范围宽、分析速度快且
非破坏性等优点，但由于X射线穿透能力弱，故只能对物质

表面作浅层分析。作为测定物质元素的一种重要手段，X射线荧光分析技术在考古学领域主要用来鉴定古物中的元素及其含量，可对金属、陶瓷、玻璃、玉石、颜料等多种制品进行定量分析。安徽涡阳扶阳侯宫殿地面上的汉砖，经X射线荧光光谱的分析，其主要成分为二氧化硅、矾土、氧化铁、碱、金属氧化物和氧化钙，与黄土成分接近。涡阳地处黄河故道流域，因而推测此汉砖是由这里的黄土焙烧而成的[9]。对中国古代瓷器进行系统的X射线荧光分析结果表明，唐代瓷器样品中 SiO_2 高达 77.48%，而 Al_2O_3 只有 16.93%；宋代、元代和明代的瓷器中，这两个组分虽有所变化，但 SiO_2 多数还是在 70% 以上，Al_2O_3 也在 20% 左右；清代瓷器中所有瓷器的 SiO_2 都小于 70%，Al_2O_3 也大于 20%[10]。由此说明，清代瓷器中高岭土的含量显著增加。

（5）离子束分析

当利用加速器所产生的高能离子束去轰击待研究的物质时会产生电磁辐射和带电粒子，而样品中存在的化学元素不同所产生电磁辐射的能量和带电粒子的种类及能量也有所不同，离子束分析就是通过探测这些辐射或粒子来达到对物质样品进行定性或定量研究的目的。离子束分析主要包括卢瑟福背散射、核反应分析、质子激发X射线荧光分析和质子激发γ射线分析等。其中质子X荧光分析技术具有灵敏、快速、取样量少、非破坏性等特点，可对整个金属器物作无损检测。1965年湖北江陵望山1号楚墓出土了二把越王剑，这两把剑虽为战国时期制造且在地下埋藏了大约二千五百年，但至今仍光芒四射，锋利无比。在对这两把剑进行质子X荧光能谱的分析时发现，剑的黑花纹处含有硫，这是一种硫化技术。此外，在对剑格上镶嵌的琉璃饰物进行分析时还发现含有大量的 K 和 Ca，这说明早在二千五百年以前我国就已经有了 K – Ca 玻璃了[11]。

（6）铅同位素分析

铅在许多金属矿中都或多或少地存在。由于矿石铅在某种地质条件下形成以后，铅同位素比值在整个矿物中的分布是均匀的，而且不受熔化的影响，因此在一般情况下，最终炼出金属里的铅同位素比率与其矿源里的铅同位素比率是一致的。这样一来通过铅同位素比率的测定，就可以追溯金属文物原料的矿石产地。铅同位素分析可以用于青铜器、金属钱币、玻璃、颜料和大理石等原料产地的研究。作为一种"指纹"技术，它具有取样量少、不受金属文物被长期风化和腐蚀作用的影响等优点。可是，不同的成矿时间和成矿环境可以产生不同特征的铅同位素比值，也可能产生相同或相近的铅同位素比值，因此来源不同的金属文物中可能出现相同或相近的铅同位素比值；冶炼过程中可能掺入废旧的金属材料，由这类金属铸成的文物中所含的铅同位素比值将居于各矿源的平均值内，这样一来，就容易模糊矿源的地理位置。尽管铅同位素分析法还存在一定的问题，但其独到的优点在考古学中仍得到应有的重视。国外学者利用这种技术对世界各地古代玻璃进行了研究，认为中国玻璃具有自己独特的铅同位素分布场，它们与外国制造的玻璃不同。国内学者通过这种分析方法探讨了铜鼓的矿料来源等问题，认为广西冷水冲型铜鼓的矿料主要来源于广西江北地区，北流型和灵山型铜鼓矿料可能来源于北流县和容山县，麻江型铜鼓矿料来源于云南楚雄地区，而云南早期铜鼓的矿料几乎都来源于滇西至滇中的滇池一带[12]。

（二） 宏观研究的成果

自然科学的检测手段和方法一经进入考古领域，考古遗存的潜在信息便逐步被揭露出来：如穆斯堡尔谱、X射线衍射及电子显微镜等测试技术可以提供考古标本的结构成分数据，而中子活化分析、X射线荧光分析、离子束分析等检测技术则可以提供考古标本的化学元素组成数据，使人们有可能更准确地得到各种文物的成分种类、组织结构、制作工艺、物理性能以及矿物产地、材料来源等方面的信息，进而探索它们的起源和传播。通过对考古遗存的物质结构和化学元素的分析，我们可以认识不同地区、不同时期古代人类的生产概况、发展变迁和文化交流等问题。

1. 金属冶炼的研究

金属是人类赖以生存和发展的重要物质之一。东汉时期的《越绝书》曾有这样的记载："轩辕、神农、赫胥之时，以石为兵，断树木为宫室，死而龙藏。……禹穴之时，以铜为兵，以凿伊阙，通龙门，决江导河。……当此之时，作铁兵，威服三军。"丹麦考古学家也将人类物质文明的发展，划分为石器时代、铜器时代和铁器时代诸阶段。由此可见，石、铜、铁在人类发展的长河中具有里程碑的作用。特别是铜、铁这两种金属，经历了一个由无到有、从原始到进步的发展过程。20世纪50年代初，我国首次对河南辉县战国墓的铁器做了成分分析，尽管因分析件数极少而有些误释，但毕竟迈出了通向科学研究的第一步。20世纪60年代对江苏六合程桥春秋晚期两件铁器的分析，使人们知道这一时期不仅冶炼块炼铁，同时还能冶炼出具有划时代意义的生铁。20 世纪 70 年代以来，现代科技的检测手段在金属文物研究中的广泛运用，正逐步揭示出人类在铜、铁金属每个发展阶段中的冶金技艺以及青铜器铸件的原产地。

（1）冶铜

经鉴定，甘肃东乡马家窑遗址出土的铜刀属于青铜器，其年代大约为公元前 3000 年左右，这是迄今为止我国发现最早的青铜制品。在河南、河北、山东、内蒙古等地约当公元前三千纪后半叶的龙山文化时期的遗存中普遍出土了锥、刀、凿、钻、斧、指环等铜器，材质有红铜、锡青铜、铅青铜、铅锡青铜和黄铜。除使用天然铜外，当时已能人工冶炼红铜和原始铜合金。据西方学者研究，在世界冶金史上，于青铜时代之前存在着一个冶炼和使用砷铜的时期，砷铜是由红铜到青铜的过渡环节，砷铜制品在西亚、南欧和北非公元前三千纪前后都有普遍的发现，纯铜→砷铜→青铜这一金属列发生在不同地区，在若干地区其时间间隔在两千年以上。中国一开始就是青铜，而且是红铜、锡青铜、铅青铜、铅锡青铜同时存在。关于砷铜制品，仅在甘肃民乐东灰山遗址发现过。1987 年在民乐东灰山遗址发掘出十六件铜器，经检测这批铜器的含砷量在 2% 至 6% 范围内，这种含砷铜器的发现在我国尚属首例[13]。该遗址的年代约为公元前 1600 年左右，晚于龙山文化。因此，中国广大区域的青铜冶炼技术是自己独立发展起来的。

商代是我国青铜冶铸的鼎盛时期。由铜器化学成分的批量测定可知，殷墟妇好墓出土的青铜器主要有铜锡型和铜锡铅型两类，殷墟西区出土的青铜器有纯铜、铜锡、铜锡铅和铜铅四种类型。其中二元合金中又分高铜—低锡和低铜—高锡，金属硬度随锡量增加而增大；而三元合金中铅的加入，一方面节省了锡料，另一方面更易于突出器物的造型和繁缛的纹饰，表明这一时期已经掌握冶铸三元合金的新工艺。四川峨嵋地区出土的战国晚期青铜器，基本上可分为铜锡型和铜锡铅型，锡和铅都是有意配制的，说明古代巴蜀地区对冶炼技术、锡青铜淬火技术也有了相当的了解和掌握。

　　龙山文化时期到夏代，已采用单面范和双面范铸造铜器，但石范仍较多地被使用，陶范尚不多见。河南偃师二里头遗址出土的铜爵，是已知最早使用复合范铸造的青铜容器。从殷墟出土的大量石范和妇好墓随葬的青铜器群来看，当时所有的青铜器都是用经高温焙烧的陶范浇铸而成，一些复杂器件的成形则主要依靠分铸法（即分别将附件与器身铸好后再严密接合）铸成。妇好墓中成组成套的铜礼器往往在成分及含量上基本相同，推测它们应是同时配料、同时铸造的。殷商时期在铸造方法、铸型工艺、浇铸位置和合金成分等方面都已规范化，尤其是分铸法的普遍采用，使陶范铸造达到了历史的顶点。西周初期承袭殷商铜器铸法，中期以后周王朝及诸侯国所属的青铜作坊形成了自己的冶铸风格，器物形制的变化和长篇铭文的铸制促使范铸技术继续进步，分铸法的使用更加熟练。东周时期出现了叠铸技术，据研究，在山东临淄发现的铸造“齐法化”的长方形铜质模具就是翻制泥范用的，将若干烘烤过的陶范叠装起来，一次可浇铸十几件或更多的铸件。春秋时期还出现了失蜡法铸造工艺，河南淅川下寺楚墓的铜禁和湖北随县曾侯乙墓的尊盘等都是用失蜡法铸成的。焊接技术、鎏金技术以及在器物表面刻划花纹的工艺也在这一时期兴起。青铜器的制作虽仍以铸造为主，但已经从先前较为单一的范铸技术改变为综合地使用浑铸、分铸、失蜡铸、钎焊、铸焊、印模、镶嵌、错金银、鎏金、刻镂等多种金属工艺。铸造工艺和加工技术的改进，促使青铜时代已经超越了它的全盛时期，代之而起的是铁的时代。

现代化的检测手段还为研究青铜器金属原料的产地提供了丰富的信息。据分析，河南安阳殷墟出土的青铜器中存在一种高放射性成因铅，在江西新干大洋洲商墓和四川广汉三星堆祭祀坑出土的青铜器中也都发现有高放射性成因铅，这三地青铜器所含的铅属于同一来源的可能性很高[14]。尽管这类矿料产地尚不能确定，但这种特殊铅的发现揭示出黄河流域青铜文明与长江流域青铜文明以及之间的某种深层关系。

（2）炼铁

河北藁城和北京平谷刘家河两地出土的陨铁铜钺，证明早在公元前 14 世纪前后的商代居民就已经接触了金属铁。最早的人工冶铁制品是河南三门峡虢国墓出土的铜柄铁剑，年代为西周晚期。经研究，江苏六合桥、湖南长沙龙洞坡和常德得山等地春秋晚期墓葬或遗址中出土的铁制品多数为"块炼铁"，少数是生铁。所谓块炼铁是铁矿石在较低温度（约 1000°C）的固体状态下用木炭还原法炼成的比较纯净的铁；生铁则是铁矿石在炼炉中于高温（1146°C）液态下采用木炭还原法的产物，含碳量在 2% 以上。块炼铁的结构疏松，性质柔软，只有经过锻造才能制成可用的器件。而生铁作为原料可以直接铸造器件，广泛用于各生产领域，同时因是用炼炉冶炼，使大量生产和铸造较复杂的器形成为可能。生铁的出现，表明至少在春秋晚期我国古代先民已掌握了铸铁技术。在各国的冶铁技术发展史上都曾经历了由低温炼铁到高温炼铁两个阶段，即先发明锻铁，后出现铸铁。一般来说，这两者之间有相当长的时间距离。欧洲从发明块炼铁到使用生铁用了二千五百年的时间。我国使用块炼铁的时间虽比西方晚，但所发现的生铁制品却比外国最早使用生铁的时间早了一千八百多年，中国古代冶铁业的发展经历了一条独特的道路。

战国中期以后，我国冶铁业获得了长足的发展。在迄今发现的上千件先秦铁器中，绝大部分是战国中晚期的制品。铁器的种类，包括生产工具、兵器、生活用具和装饰品等。通过对河南洛阳、登封等地出土铁器的分析，可知铸铁柔化术、铁范铸造和块炼铁渗碳成钢是这一时期最重要的发明。由于这三项重要的发明，铸铁农具和手工工具得以取代铜器、石器成为主要的生产工具，从而极大地推动了社会经济的发展。对河南渑池汉魏铁器、古荥镇汉代冶铁遗址铁器和巩县铁生沟汉代冶铁遗址铁器进行成分、金相及物理性能的研究结果表明，生铁铸造及铸铁脱碳技术，不久推广到全国，同时已在全国范围内规范化。

通过确认春秋晚期的"块炼铁"、汉代的炒钢技术、东汉末年或魏晋时期的以铸代锻、南北朝的灌钢法等，对于我国冶铁技术的发展有了比较系统的认识。

2. 陶瓷工艺的研究

早在距今 8000 年以前的新石器时代，我国先民就开始制作和使用陶器，最迟在距今 1800 余年前的东汉时期，就已经烧造出比较成熟的瓷器了。中国古陶瓷悠久的历史和丰富的内涵，使得陶瓷研究成为考古学领域中的重要课题之一。20 世纪 60 年代初，我国学者对河南宋代钧窑窑变色釉进行了成功的探讨。20 世纪 70 年代对各种色釉和着色矿物做了全面检测，并对成色机理作出了完整的说明。20 世纪 80 年代又对宋代建窑黑釉瓷上的"油滴"、"兔毫"形成的机理提出了新的见解。应用各种科技方法获得古陶瓷的化学组成、显微结构以及物化性能等方面的数据,为研究陶瓷胎土的选料、釉料的配制及其烧制工艺的发展过程提供了定性和定量的科学依据。

(1)选料

通过分析胎土的化学组成与变化,可以了解我国古代陶瓷器所选用的原料。根据不同时期数百个陶器、原始瓷器和瓷器的化学组成数据的分析结果得知,新石器时代制陶的原料主要为易熔黏土,其特点是含杂质多,含铁量高。例如,河姆渡文化的刻纹陶和彩陶所用的原料是取自沉积的地表易熔黏土并掺入较多的谷壳和稻秆或植物种子,而仰韶文化的彩陶因采用田泥等表面易熔黏土所以含铁量高达8% ~9%。商周时期,人们对原料的认识不断深化,集中表现在黏土中氧化铁的含量从6%降低至3%,杂质也较少,而氧化铝和氧化硅的含量却有所增加。如安阳殷墟白陶的主要原料为高岭土,氧化铝的含量高达41%,氧化铁的含量不足2%;西安张家坡西周遗址和安徽屯溪西周墓葬出土的釉陶,氧化硅的含量占72% ~76%左右[15]。由于釉陶的化学组成已与陶器有较大的区别,因此有的学者将其归入原始瓷的范畴。这一时期胎土化学组成的变化,对于由陶过渡到瓷具有决定性的作用。春秋战国时代釉陶的生产相当普遍,江浙一带的釉陶多系用含铁量3%左右的瓷土为原料,又施上一层薄薄的青中泛黄的釉。这些青色釉陶被认为是我国著名青瓷的鼻祖。东汉时期,出现了较为成熟的青瓷。浙江上虞小仙坛等窑址,选用含铁量2.5%以下的原生高岭土或瓷石为原料,胎质细腻,为高温下烧成创造了条件。上虞出土的东汉青瓷四系罐,以瓷石为原料,胎质较白,细腻密致，釉呈淡青色，瓷化良好，胎釉结合牢固，已是一件成熟的青瓷器了。汉晋以及南朝多采用一类或二类瓷土为原料，五代及宋代可能只用一种瓷石或仅掺极少量高岭土作为制瓷原料。南宋龙泉窑胎的化学成分与东汉越窑相比有了明显的变化，汉上虞窑氧化硅为 77.42%，氧化铝为 16.28%，氧化钾 2.6%；南宋龙泉弟窑氧化硅为 69.76%~73.95%，氧化铝为18.36%~21.54%，氧化钾 3.16%~4.54%。由于氧化铝含量的增加，胎坯中生成较多的莫来晶体，所以龙泉窑青瓷的胎质比越窑青瓷细腻密致，机械强度也有了较大的提高[16]。

从历代陶瓷胎化学组成分布图中可知[17]，陶器的组成点除少数外，都集中在 SiO_2 分子数 4~8 之间和 R_xO_y 分子数大于 0.8 以上，位于分布图的上部；原始瓷和瓷器则有分布在 R_xO_y 分子数小于 0.8 以下的，SiO_2 分子数也从 11 逐步延伸到 3，在分布图的下部形成一个较大的区域。显然，原始瓷的组成范围已与陶器的组成范围分开，而与瓷器的组成范围相交。由此说明，原始瓷与陶器在组成上有一个突变，存在本质上的差别；然而它与瓷器在组成上却没有这个突变，当是逐步变化提高的。

总之，我国古代制陶的原料大致被分为：普通黏土、高镁质易熔黏土、高铝质耐火黏土和高硅质黏土或瓷石四种类型。其中只有高铝质耐火黏土是后世用于制瓷胎的原料。

（2）配釉

釉是一种烧结在陶瓷坯表面（包括器内）的玻璃态物质。釉的发明，解决了因陶器表面粗糙所带来的易吸水和易污染等问题。在距今三千余年前的商代陶器上，已发现施有一层薄薄的浅黄色或青灰色釉。西周陶器上也出现了更多带有其他色调的青色釉。经分析，商周及魏晋时期的青釉为石灰釉，其氧化钙含量都介于 16%～20% 之间，可能是用石灰石和黏土配制而成的。氧化钙可使釉的熔融温度降低，能在较低温下玻化。多数黏土含有或多或少的铁质，所以釉里也含有 2% 左右的氧化铁，这些釉在氧化气氛中烧成后则呈现青色或青绿色。我国历代烧造的青瓷，如越窑、瓯窑、德清窑、汝窑、耀州窑、龙泉窑等地的产品，都是以氧化钙为主要助熔剂，以铁为主要着色剂的。

从东汉到北宋，青瓷釉中氧化钙的含量是愈早愈高，釉层的厚度却是愈早愈薄。南宋时，随着制瓷技术的改进，釉中氧化钙的含量已由汉晋时的 16%～21% 减少至 9%～12%，而氧化钾的含量却由汉晋时的 4% 以下提高到 5% 左右。南宋龙泉窑除用瓷土和石灰石外，又加入了草木灰配制青釉，成为石灰—碱釉。石灰釉的主要特点是高温黏度比较小，流动性好，釉面光泽很强；石灰—碱釉的高温黏度较高，流动性小，釉面光泽柔和，没有强烈的浮光感。因此改用石灰—碱釉的南宋青瓷，釉厚而不流，从而获得了晶莹丰满翠青如玉的色釉。

在发明石灰釉的同时，人们还发明了铅釉。铅釉的出现比石灰釉要晚得多，但在汉代已经相当普遍。这种釉以氧化铅为主要熔剂，加入少量含铜、铁、钴、锰的矿物，便会得到绿、黄、红、蓝、紫等各种色调的釉彩。我国传统铅釉的品种较多，如汉代和宋代的绿釉、唐代的三彩、元代的法华三彩等。明清时期的釉上彩也是在历代铅釉的基础上逐渐发展而成的。

根据釉的显微结构，可把中国古瓷釉分为：玻璃釉、析晶釉、分相釉和分相析晶釉四大类。其中分相釉以河南禹县钧窑瓷釉为代表，这种釉所能产生的强烈乳光和轻微的色调变化效果，是由于釉的液相分离而产生无数孤立小滴对白光散射的结果，从而揭开了自宋代以来所谓"窑变"的奥秘。分相析晶釉以福建建阳建窑生产的"建盏"釉为代表，它所出现的各种"兔毫"与釉内发生的分相和相互影响析晶过程密切相关，是古代陶工利用釉的组成、烧成时的气氛和温度以及冷却的快慢，通过分相和析晶的关系而制得的。

（3）烧造

对于陶瓷工艺而言，坯体原料是内因，烧成气氛则是外因。烧成气氛系指窑内气体的组成和氧化或还原的能力。当入窑的空气和燃料充分燃烧而含有多余的氧时，具有将坯体所含物质氧化的能力，这种火焰即为氧化焰；如果入窑的空气不能和燃料充分燃烧而产生一氧化碳和碳化氢等气体时，具有将坯体所含的铁质还原为氧化亚铁的能力，这种火焰叫做还原焰。由于烧成气氛的不同，导致胎内二价铁含量对三价铁含量的比率即还原比值不同，所呈现的陶色和釉色也不同。因此，现在根据还原比值和陶色、釉色的关系，可以推断当时陶瓷器的烧成技术和烧成温度。

据测定，山西襄汾陶寺龙山文化陶器的烧成温度为 600°C～850°C；河南安阳殷墟商代硬陶和白陶的烧成温度已达 1000°C～1050°C；陕西西安汉代陶俑的烧成温度达 1000°C～1050°C。东汉以来，一些窑址的烧成温度已能高达 1200°C 以上。进入三国时期以后烧成技术更为熟练，浙江上虞龙泉窑西晋青瓷的烧成温度高达 1300°C。有关部门已运用精密高温自动记录膨胀仪对从晋代到清代名窑陶瓷的烧成温度进行了初步测定，所测定的温度与实际烧成温度的误差，大致在 40°C～50°C 之间[18]。

另外，通过对陶瓷胎土中常量元素和微量元素的测试，可以获取陶瓷器产地方面的信息，并有可能对陶瓷器的真伪进行鉴定。不过，一个窑系、一种陶瓷器在一定时空内的演变，要经过大量的、有典型意义器物的微量元素含量来证实。我国虽然积累了一定量的实验数据，但这些数据多限于常量元素，微量元素的数据尚不多，而且这些实验数据大都没有经过系统的整理，使得古陶瓷器的鉴定工作缺乏可靠的科学依据。今后，只有通过大量的、科学的、系统的实验数据，建立起不同窑系、不同种类的陶瓷器微量元素特征谱系，才能真正实现对陶瓷器的全方位研究。

3. 玉石产地的研究

中国的古玉，可以追溯到遥远的新石器时代，历经商周、汉唐直至明清各代持续发展，业已形成了光辉灿烂、风格鲜明的玉文化。在现代矿物学中玉是角闪石类的软玉和辉石类的硬玉的总称，但在古代，人们不可能按照现代矿物学的标准去认识玉材，因而当时所谓的玉乃是美石的同义语，泛指一切温润且有光泽的石。由于存在着古今对玉之理解的歧异，对于玉的概念和质量往往产生不同的看法。应用现代科技的分析方法和手段，对各种玉的主要化学成分、组成规律和所含特征微量元素进行分析，使人们有可能对各种古玉的颜色、构造和性质等问题作系统研究，并判定其原始材料的来源。

长江下游地区是我国史前玉器出现最早、数量最多的区域之一，至迟距今 7000 年前这里便出现了玉器，而且一直风行至距今 4000 年左右。1977 年用油浸法并拌以化学分析、X 光分析及差热分析，将江苏吴县草鞋山和张陵山遗址出土的九件玉器分为软玉、蛇纹石、玛瑙三类[19]。1986 年用红外吸收光谱和 X 光粉晶照相等方法对这一地区多处史前遗址出土的玉器进行了质量检测[20]。经鉴定，这一地区新石器时代较早的马家浜文化和河姆渡文化的玉器，多为玉髓和萤石、玛瑙，自崧泽文化时期开始流行透闪石—阳起石系列的软玉，到了良渚文化时期有些遗存出土的玉器几乎全是软玉。应用扫描电镜的观察结果，这些软玉大都是接近平行的显微纤维结构，与我国已知各产地软玉的典型显微结构均不相似，因而这一地区玉料的产地一直处于空白。软玉主要有两种地质产状，即产于镁质大理岩，或产于蛇纹石超基性岩。其中产于镁质大理岩的软玉，传统认识是由区域变质成因。软玉同位素特征的研究说明，镁质大理岩中的软玉，并不反映区域变质成因，而系接触交代成因。据此在江苏溧阳小梅岭地表露头的矿石中，发现了镁质大理岩接触带的透闪石软玉，从结构特征上看，崧泽文化和良渚文化的软玉与其相似[21]。这一发现，为寻找长江下游地区古玉的来源开拓了方向。当然，现代已知的软玉产地不等于就是古代开采的软玉产地。在江南地区类似小梅岭产有透闪石的花岗岩类与镁质大理岩接触带的地质条件尚有多处，要查明史前玉料的具体来源还需进行广泛细致的对比研究。

　　台湾的卑南遗址出土了上千件史前玉器，对其中二十件标本进行颜色、比重、构造以及拉曼光谱的矿物鉴定和铬含量的研究结果显示，卑南闪玉质玉器具有许多独特的矿物特性，如含铬铁矿、含铬白云母及含铬的钙榴石，时常夹猫眼玉细脉等，与大陆的闪玉有所不同，其产地可能是台湾丰田和西林地区的玉矿。而含铬钙榴石只产于丰田，却不出现在西林地区[22]。这些经由卑南遗址玉器科学分析所得的信息，除了提供卑南玉器与其他玉器之间比较、研究的良好材料，甚至可作为台湾考古学上"玉工业"研究的基本材料。

　　陕西长安沣西张家坡墓地是西周丰镐遗址内的重要遗存。该墓地出土的玉器样品经分析测试表明，其玉器材质多种多样，为已研究的史前诸遗址出土古玉所未见。样品中的软玉全属透闪石软玉，据主要成分特征可判明其主体系取自镁质大理岩中[23]。软玉稳定同位素分布变化的范围，包括了中国大陆已知的各软玉产地，说明其玉器原料是多源的，从而为探讨当时的政治、经济和文化交流提供了重要资料。

　　有关河南安阳殷墟妇好墓出土的玉器原料来源，一直众说纷纭，或认为来自河南南阳，或认为来自新疆和田，或认为来自贝加尔湖等。应用理化检测方法对殷墟妇好墓出土的玉器、河南南阳独山玉、辽宁岫岩玉、缅甸玉等具有代表性的标本进行化学定量全分析和光谱检测的结果表明，妇好墓中的玉器在四种主要成分含量及宏观组成规律上，与新疆和田玉十分接近，而与其他地区的玉差异较大，从而为其原料的主产地在新疆和田说提供了科学的依据。

　　通过对我国自新石器时代至汉代数十处遗址出土的几百件有代表性的玉器进行取样分析，大致可以将古玉分真玉、假玉及半玉三类。真玉，全是软玉。假玉，包括蛇纹石、叶蛇纹石、天河石、石英、钠长石、方解石、绿松石、滑石等，大都是软玉矿床中的共生矿物。半玉，有钠长石加透闪石、滑石加透闪石、天河石加透闪石、方解石加透闪石、透闪石加叶蛇纹石等，属于真玉与假玉的过渡矿物。另外，从受沁古玉显微结构看，虽矿物成分未变，但其比重和硬度明显下降，因而以往习用的以测定比重与硬度区分古玉是否为软玉的方法，对于受沁古玉来说实难令人置信。多年来流传的古玉次生变化为"钙"化的说法，并无科学依据。

4. 颜料品种的研究

彩绘艺术是我国传统文化的重要组成部分，颜料使它变得更加绚丽多姿。遍布祖国各地的各种彩绘文物，保存了大量从古到今的颜料标本。古代颜料大多是天然矿物研成的粉末，也有人工生产的无机化合物。通过对彩绘文物所用颜料进行分析，不仅可为文物的保护、修复、鉴定及综合研究提供科学的数据，而且从文物本身也可获取了解古代经济、文化和科技等方面的重要信息。

1935 年，美国哈佛大学福格艺术博物馆的罗瑟福·盖特斯博士曾对盗运到美国的甘肃敦煌莫高窟和新疆喀喇库图等地的壁画、彩塑颜料做过取样分析，并公布了从敦煌壁画、彩绘中鉴别出的十一种颜料。尔后，大英博物馆的 A. F. 瓦那博士分析了流落到英国的敦煌北朝壁画标本，鉴别出七种无机颜料和一种有机颜料。日本学者也曾对新疆克孜尔石窟、敦煌莫高窟和山西华严寺及内蒙古庆陵等地的壁画颜料做过考察。20世纪 60 年代初，我国将敦煌壁画颜料变色、褪色问题列为重点研究课题，并对敦煌唐代壁画和河南密县后寺郭村东汉壁画的颜料进行了化学定性分析。20 世纪 70 年代以来，应用现代仪器对上至东周、下到清代的石窟、墓室壁画、岩画、木建筑（包括棺椁）和彩陶、纺织彩绘等各种文物所用的颜料进行了科学分析，开创了古代彩绘颜料研究的新局面。

敦煌莫高窟北魏、唐、宋三个朝代的壁画颜料，经光谱分析、X 衍射分析及综合考察，可以确定的品种就达二十一种之多，其中有十二种可能是经过较复杂的化学加工制造出来的[24]。从敦煌壁画颜料与其他地区壁画颜料成分的比较（表七）中，不难看出我国古代在化学工艺方面长期居于世界领先地位。

表七　　　　　　　敦煌壁画颜料与其他地区颜料的比较

地名＼颜料	敦煌莫高窟 4 至 13 世纪	新疆克孜尔千佛洞 7 世纪	新疆柏孜克里克石窟 9 至 12 世纪	新疆米兰 3 至 4 世纪	山西华严寺 16 世纪	内蒙古庆陵 11 世纪	阿富汗巴米扬石窟 5 至 6 世纪	印度阿旃陀石窟 5 至 6 世纪
红	辰砂 铅丹 赫石 绛矾 红花	铅丹 赫石	辰砂 铅丹 赫石	赫石 其他红色颜料	辰砂 铅丹 赫石	辰砂 铅丹 赫石	铅丹 赫石 赫石＋炭	赫石
黄	密陀僧 雄黄 黄铜粉 金粉 藤黄		黄土	黄土	黄土	黄土 金粉	黄土	黄土
蓝	蓝铜矿 青金石 靛蓝	青金石	蓝铜矿		蓝铜矿	蓝铜矿	青金石	青金石
绿	孔雀石 绿泥石	硅孔雀石	孔雀石	孔雀石	孔雀石	孔雀石	硅孔雀石	绿土
白	铅白 石灰 高岭土 云母	石膏		石膏	高岭土		石膏	
黑	墨 二氧化铝		炭	炭	墨	墨	炭	炭
总计	21	5	7	6	8	8	8	5

山西大同云冈石窟古代壁画的颜料，经 X 射线衍射分析及 X 射线荧光分析，可知其颜料主要采用了石膏、高岭土、红土（赫石）、碱式氯化铜、炭黑、铁黄（或黄赫石）、朱砂、醋酸砷酸铜、群青等[25]。其中醋酸砷酸铜应是有机盐和无机盐的复合盐类，以这种复合盐作为古代壁画的颜料尚属于首次发现。

西安兵马俑 1 号坑秦俑的颜料，经化学定性、红外光谱、X 衍射和发射光谱等方法的联合鉴定，获知秦俑所采用的颜料多为天然矿物及简单的产品，比如用红丹、氧化铁红和朱砂作为基本的红色颜料；用孔雀石作为绿色颜料；用白铅矿作为白色颜料；用蓝铜矿作为蓝色颜料。这些颜料以不同的比例调配又可以得到各种不同色调和颜色。磷灰石、重晶石、高岭土等在颜料中起填料的作用，可以增加颜料涂层厚度而使其具有耐久性。另外，在 2 号坑的彩绘秦俑中还分析出一种纯紫色颜料——紫色硅酸铜钡[26]。这种物质在自然界中尚未发现。它与矿物颜料起着同样的作用，应为秦俑彩绘中的一部分。

广西花山岩画全部以赭红色颜料画成，绵延达二百余公里。经物相鉴定，颜料为矿物质，其主要成分有：赤铁矿、方解石、高岭土和石英。由于这些无机成分的颜料没有黏合作用，因而岩画所使用的黏合剂只能是天然有机物。通过对几种天然有机黏合剂化学结构的测试与分析，发现木质素是一种不溶于水、性能稳定且可以将岩画长期保存的有机黏合剂[27]。花山岩画当是用矿物颜料调入新鲜树汁液后在峭壁上绘制而成的。

对于颜料成分和结构的科学分析，不仅可以获得颜料本身的科技信息，还可以了解历代颜料的种类、制作及使用情况，并为古代科技史的研究提供新资料。例如，敦煌石窟唐代以来使用的红色颜料绛矾，从隋开始就是进贡朝廷的名贵药物和炼丹原料，而由绿矾冶炼绛矾的技术被誉为古代敦煌的一大贡献。

微观分析技术还被用于石器制造等方面的研究。20 世纪 30 年代，美国学者柯温（E·C·Curwen）就曾应用显微镜观察石器的使用痕迹。20 世纪 80 年代以后，人们不仅使用普通的光学显微镜，而且运用电子扫描显微镜来观察石器的使用痕迹。现代科学技术的发展，使考古学的研究越来越细致、越来越深入。不过，仅据已报道的材料，我国在石器制造方面的研究尚停留于用一般的显微镜进行观察的阶段。

考古学中应用的几种主要分析技术

分析技术 ＼ 样品物质	黏土陶器	青铜	玻璃	彩釉颜料	纸张皮革	毛发骨牙	琥珀贝壳	玉石	黑曜石	化合物
热分析	V		V	V						V
扫描电子显微镜	V	V		V	V	V			V	
X 射线衍射	V	V		V	V			V		
红外吸收光谱	V			V			V			V
核磁共振	V			V		V	V		V	V
穆斯堡尔谱										
中子活化分析	V	V		V			V		V	V
原子吸收和原子发射光谱	V	V	V	V					V	V
X 射线荧光分析	V	V	V	V					V	V
离子束分析	V	V	V	V		V				

注：V 表示应用较为广泛的分析技术。

注　释

[1] 张炜等《汉代漆器的剖析》，《文物保护与考古科学》1995 年第 7 卷 2 期。

[2] 何堂坤《几面表面漆黑的古铜镜之分析研究》，《考古学报》1987 年第 1 期。马肇曾等《多元酚类使铜镜产生黑漆古及黑漆古结构》，《考古》1995 年第 11 期。

[3] 周国信《云冈石窟古代壁画颜料剖析》，《考古》1994 年第 10 期。

[4] 村井俊治等《尖端技术考古学图说》，河出书房新社 1991 年版。

[5] 陈元生等《史前漆膜的分析鉴定技术研究》，《文物保护和考古科学》1995 年第 7 卷 2 期。

[6] 孙仲田等《二里头文化与龙山文化古陶片的穆斯堡尔谱研究》，《中原文物》1985 年第 1 期。

[7] 赵维娟等《南宋官窑瓷器原料来源的中子活化分析》，《考古》1998 年第 7 期。

[8] 周宝中《铅丹防蠹纸的研究》，《中国历史博物馆馆刊》总 2 期。

[9] 毛振伟等《汉砖的 X 射线荧光光谱定量分析》，《考古与文物》1994 年第 2 期。

[10] 周仁等《中国古代陶瓷研究论文集》，轻工业出版社 1983 年版。

[11] 李士等《现代实验技术在考古学中的应用》，科学出版社 1991 年版。

[12] 金正耀等《江西新干大洋洲商墓青铜器的铅同位素比值研究》，《考古》1994 年第 8 期。彭子成《我国古代文物铅同位素研究的成果》，《文物》1996 年第 3 期。金正耀等《广汉三星堆遗物坑青铜器的铅同位素比值研究》，《文物》1995 年第 2 期。

[13] 甘肃省文物考古研究所等《民乐东灰山考古——四坝文化墓地的揭示与研究》，科学出版社 1998 年版。

[14] 同 [12]。

[15] 郭演仪等《中国历代南方青瓷的研究》，《中国古陶瓷论文集》，文物出版社 1982 年版。叶宏明等《关于我国陶器与青瓷发展的工艺探讨》，《中国古陶瓷论文集》，文物出版社 1982 年版。

[16] 李家治《科学技术研究在陶瓷考古中的应用》，《科技考古论丛——全国第

二届科技考古学术讨论会论文集》，中国科学技术大学出版社 1991 年版。

[17]《科技考古论丛——全国第二届科技考古学术讨论会论文集》18 页图 1，中国科学技术大学出版社 1991 年版。

[18] 周仁等《中国历代名窑陶瓷工艺的初步科学总结》，《中国古陶瓷论文集》，文物出版社 1982 年版。

[19] 郑健《江苏吴县新石器时代遗址出土的古玉研究》，《考古学集刊》（三），科学出版社 1983 年版。

[20] 闻广《苏南新石器时代玉器的考古地质学研究》，《文物》1986 年第 10 期。

[21] 闻广等《福泉山与崧泽玉器地质考古学研究——中国古玉地质考古学研究之二》，《考古》1993 年第 7 期。

[22] 谭立平等《台湾卑南遗址出土玉器材料来源之初步研究》，《考古人类学刊》第 52 期。

[23] 闻广等《沣西西周玉器地质考古学研究》，《考古学报》1993 年第 3 期。

[24] 李亚东《敦煌壁画颜料的研究》，《考古学集刊》第 3 集，科学出版社 1983 年版。

[25] 同 [3]。

[26] 单炜等《秦兵马俑彩绘成分初探》，《考古与文物》1988 年第 1 期。

[27] 邱钟仑等《花山岩颜料和黏合剂初探》，《科技考古论丛——全国第二届科技考古学术讨论会论文集》，中国科学技术大学出版社 1991 年版。

六　考古遗迹与遗物的科学保护

　　许多长期埋藏于地下的考古遗迹和遗物，由于处在一种近乎封闭的环境之中，一切物理的、化学的、生物的变化都停留在某种相对平衡的状态，因而得以历经数千百年而保持完好。一旦出土，它们立即置身于一个变化的环境之中，原有的平衡被破坏了，物理的、化学的、生物的变化过程又开始了。如若不采取有效的保护措施，它们将逐渐被腐蚀、消耗，最终化为乌有。那些原来在地面上的考古遗存也不例外，除了人为因素的破坏之外，还时时刻刻面临着各种自然因素的侵蚀。

　　考古遗迹和遗物的保护，不是简单的技术手段和仪器工具的问题，更重要的是对考古遗存保护原则的理解和方法论的探讨。"不改变文物的原状"是我国文物保护的总原则，无论是对古建筑、石窟等地上遗迹，还是对古墓葬、古遗址等地下遗存及其出土遗物都是适用的。考古遗存的原状，应当是指考古遗存产生时或在历史过程中所形成的状况。把一切考古遗存的"原状"都理解为最早的状况，从而加以绝对化是不科学的。每一处（件）考古遗迹和遗物在历史的长河中都历经沧桑，有自己的一部变迁史。只有在充分认识其历史价值和现在所处地位的前提下，才有可能揭示其本来的面目。

　　虽然考古遗存都是用传统的方法、传统的工艺和传统的材料制成的，但处理和修复这些遗存时，必须依据其质地、工艺、保护或损坏的状况，决定采用传统技术或现代科学技术进行保护。力求以最适当的配方、最精细的工艺，审慎处理。盲目地采用某一种技术手段，不但达不到保护的目的，还会造成不可挽回的损失。由于考古遗存是不可再生的，现有的保护措施又不可能是十全十美的，因此对于任何遗迹和遗物的处理都要留有余地，以待将来更好的选择。

（一）考古遗迹的现场保护

考古遗迹的保存方式有两种，一种是修复利用，另一种是维持现状。前者主要是针对那些根据文物保护法被指定为文物保护单位而需要永久保存的史迹，采用各种手段加以修缮，最后开辟为可供人们参观游览的遗址博物馆。后者只是对发掘完的地下遗迹或地面上的露天遗址，采取一些必要的措施，使之保持住现在的状况。作为对遗迹的积极修复利用，最好是尽可能地保持住遗迹的原貌，但揭露出来的遗迹如果长时间暴露着，当然不利于保护。因此，关于考古遗迹的现场保护成为20 世纪亟待解决的重大科研项目之一。总的来说，考古遗迹的保护方法尚未跨出实验阶段，但其进步毕竟是十分明显的。通过多次试验，业已探索出建造保护性的建筑掩体、安装排水设施、整体迁移、用化学药品加固处理和用锚杆加固以及灌浆粘结等多种方法，以防止考古遗迹风化或遭雨水冲刷等自然因素的破坏，使之能够得以长期保存。

1. 土质遗迹的保护

在我国辽阔的大地上遗存下了大批古代土建筑，如西安半坡遗址、沣西西周车马坑、临潼秦始皇陵兵马俑坑、新疆交河古城等。这些历史久远的土建筑遗迹，大都是以生土、夯土和土坯构筑而成。由于千百年来风吹、雨浸、冻融等自然因素的侵蚀，致使许多古代土建筑遗迹都已遭到不同程度的破坏。关于土建筑遗迹的保护主要应解决两个关键性的问题，一是防止风化和风蚀的破坏作用，二是防止雨水冲刷和地下水渗透的破坏因素。20 世纪 50 年代主要采用在揭露出来的遗迹上面建筑房屋覆盖的保护方法，以防止风雨的直接破坏。20 世纪 70 年代开始引进使用化学药品喷涂的方法，对遗迹表面土层作防风化加固试验。20 世纪 90 年代借鉴石质遗迹的保护方法，尝试以轻型用锚杆加固与灌浆粘结的手段对土质遗迹进行加固修复，从而推动了土质遗迹保护研究的进展。

（1）古居址的保护

从保护的角度，可将古代土建筑居址分为两大类：一类是考古发掘后经建造保护设施现已保存在室内的；另一类则是一直保存在露天的。

20 世纪 50 年代后期西安半坡遗址考古发掘一经结束，立即建造了保护性的建筑物。该建筑物为弧形屋面，由木板、油毡、瓦棱铁皮三层组成，很好地防止了天然风雨对遗址的直接破坏。可是由于昼夜温差、季节变换以及地下渗水等原因，致使遗址仍遭受到十分严重的风化破坏。20 世纪 60 年代初曾采用钠水玻璃作过防风化加固试验，但没有取得成功。20 世纪 80 年代中期保护工作者研究出一种代号为 SX - 1 的新材料。这种物质无色、透明，透光率高达 90% 以上，将其喷到土质文物表面后，不影响外观和质感，具有防水、防潮、抗稀酸和弱碱、抗冻融的保护作用。SX - 1 经在西安半坡遗址进行现场实验研究，取得了比较满意的效果。20 世纪 90 年代又以不同土质类型，采用不同 PS（一种最佳模数的硅酸钾）配比和加固工艺对遗址进行现场加固试验[1]。初步实验的结果显示，3%～5%的低浓度 PS 水溶液和多次喷涂的方法，对半坡遗址的文化层、房屋墙体、窖窑壁面和红烧土都有较好的渗透性，加固效果也较好。

甘肃秦安大地湾新石器时代居住遗址，在 20 世纪 80 年代初期考古发掘后也立即新建了保护性的附加建筑物，有效地防止了雨水冲刷和冻融破坏。为了解决遗址的风化问题，1983年保护工作者用 PS 加固的方法，成功地将一座陶窑从秦安县搬迁到兰州市的省博物馆内复原展示。又对该遗址的 F901 房址的墙体、灶坑和柱洞等进行了 PS 渗透加固，都取得了良好的防风化效果[2]。

具有二千多年历史的新疆交河古城是典型的露天土建筑遗址。经过各种物理性质和力学性能的分析，可知遗址的主要病害有：严重风蚀、雨水冲刷侵蚀、墙体开裂和坍塌、风化。在加固古城遗址的一些方案中化学处理法被认为是一种可取的方案。1993 年至 1995 年，对该古城 4 号寺的北外墙、南内墙及佛龛原生土、夯土和板筑土，以不同的 PS 配比和加固工艺进行了多次加固试验[3]。加固历时一年后，经过观察试测，墙体的耐风蚀性、耐风化性和耐雨水冲刷性都有了明显的提高，说明根据不同的风蚀、风化程度和特点以低浓度 PS 水溶液做多次喷涂渗透加固，或者在做最后一次喷涂时以 PS＋适量细粒度黏土喷涂加固，可以取得理想的加固效果。同时，将聚合物乳液（乙烯共聚物）渗进古城裂开的墙缝和地缝中，或涂刷在破损的建筑物上，也可达到加固遗址土的目的[4]。另外，在古城西北小寺生土建筑遗址的加固中，还使用了与原建筑相仿的土料，并用红柳棒使原墙体与新补部分结合，以加强其自身的强度。

　　位于甘肃安西县城南 35 公里处的汉代破城子古城，是一座规模较大的露天土建筑遗址。安西地区素有"世界风库"之称，风蚀是该古城最主要的破坏因素。另外，雨水冲刷浸蚀、冻融、地震等所造成的破坏也是十分严重的。自 20 世纪 90 年代开始，保护工作者对破城子古城实施了墙体防风、防雨的化学加固和开裂墙体的锚固与灌浆实验。防风蚀和防雨浸的加固材料选用 PS 水溶液。现场喷涂加固分别采用 3%、5% 和 7% 三种浓度，以及先喷水润湿再喷 PS 溶液渗透、较高浓度 PS 溶液较少次喷涂、低浓度 PS 溶液多次喷涂三种工艺进行实验。经过三年的现场观察发现，在一般情况下，只要按以上三种工艺施工都能获得较好的加固效果。锚固与灌浆通常用于石窟加固工程，将其用于对土建筑遗址的保护尚属罕见。当时采用了长度不同的五类轻型锚杆锚固，结合两种不同的浆液进行灌注，以期找到比较理想的加固效果。试验结果表明，薄型钢管锚杆、PS + 粉煤灰浆材最适于干燥地区土建筑遗址的锚固和灌浆[5]。

　　（2）车马坑的保护

　　沣西西周车马坑遗址位于西安市长安县沣河西岸，1955 年发现。为了能让人们更好地了解西周社会面貌，对发掘后的一座车马坑进行了现场保存。该车马坑为长方形，距地面深约 2 米，内有两车六马和一名殉葬驭夫。车是整体埋置的，马蜷卧在车辕两侧，驭夫在车箱后面。车、马的埋放很整齐，车马装饰基本完好，对于了解西周的车制很有参考价值。可是因长时间与空气接触，马骨严重腐蚀，车土型自然风化，若不采用保护措施，会使车马坑毁掉。1971 年采用了化学方法对车土型和马骨做了处理。原来的木质车全部腐朽，将土变成灰褐色，发掘时只是依照土色的不同挖出土质的车型，其车型已不是木质的，而是灰褐色的土质。对车厢、车辕、车轮的保护是反复将涂稀乳胶液逐渐渗透于灰褐色土内，以起到加固作用[6]。历时二十余年，车马坑化学保护的效果仍然很好，化学药品也没有发生变化。

河南三门峡虢国墓地车马坑是 1990 年至 1992 年发掘的虢国国君墓地的一部分。整个车马坑长约 67 米，最宽处为 18 米。在已发掘的一个车马坑内出土了十七辆战车和少许马骨，发掘后现场建有简易保护房，以防止雨淋和阳光直射对车马坑的直接破坏。为了进一步保存该车马坑，主要采取了在保护房四周的地下做防渗墙、排水沟等设施以隔绝水源和用化学材料对车马坑进行加固等保护措施。其中对车马坑的加固，选用 PS 为主要的试验材料，首先用喷雾器对车马坑进行大面积喷涂加固，然后对车舆中的断裂部分采用粘接和灌浆的方法进一步修复处理[7]。加固工作不仅使车马坑内的土质强度得到了提高，车辆得到了加固，车辆表面的裂隙得到封护和灌浆处理，还使一些断裂的部分被重新粘接固定，车马坑的原貌得以保持和维护。

诚然，使用化学药品对车马坑等土质遗迹的加固，加固层强度不易过高，最理想的加固强度是略大于原土体的强度，只要在自然环境中有一定的抗风化性和耐水性即可。如果加固强度过高，势必会带来因加固层剥离而毁坏文物的恶果。所以在使用 PS 等化学材料加固土质遗迹时，必须严格遵守低浓度多次渗透的加固原则，使 PS 的渗透梯度尽量平缓，以缩小加固层和原土层间在内聚力、收缩性及其他物理性能方面的差别，提高 PS 材料的加固作用。

（3）秦俑坑的保护

关于秦俑坑土遗址的保护，在对遗址的环境、保存现状及病害进行调查研究的基础上，采用了相应的保护措施。由于受卸荷和干燥收缩等自然因素的影响，遗址的四壁和中间的隔梁产生了许多裂隙，这些裂隙延伸、发展得很快，已将遗址大块切割，随时都有坍塌的危险。针对这种状况，除了采用机械加固等抢救性保护措施外，主要采用了喷涂加固、锚固和裂隙灌浆的保护方式。根据不同土质类型和不同风化特点，采取了不同的 PS 配比和加固工艺，进行了多次现场加固试验[8]。初步试验的结果，经低浓度（3% ~4%）PS 溶液多次喷涂加固的壁面，不论是红烧土、生土或夯土都具有较好的透水性和耐水崩解性。用 PS—C（即 PS + 黏土）浆液对土遗址裂隙进行灌浆也是可行的。但遗址喷涂后色度加深的问题是灰尘污染所致，还是矿物变化的结果，尚待进一步探讨。

对于室内类型土建筑遗址来说，不仅存在遗址自身的稳定和表面风化的问题，还存在防霉、防潮和除尘等环境问题。西北大学文物保护系研制出一种防霉防腐剂——"霉敌"，系一种白色结晶体，可与碱生成盐，其铵盐及钠盐有较好的水溶性，易溶于有机溶剂。该产品已在湖北大冶铜绿山古矿井遗址中使用，获得了较理想的效果。对于西北地区的土遗址而言，虽然经过多次室内和现场的试验，已经初步确定了用 PS 来加固夯土的方法。但由于土建筑遗址的性质各异，所处的自然环境复杂多变，在保护的方法、材料、工艺上应因地因时制宜，不能盲目照搬。

2. 石质遗迹的保护

以石窟、石刻、石阙、石室陵墓及周围的构筑物为代表的石质遗迹，大都集历史、艺术、宗教为一体，以其宏伟的规模和丰富的内涵著称于世。在漫长的岁月中，除遭受天灾人祸的破坏外，还要遭受自然界风雨的洗礼和若干微生物的侵蚀，这些精美的石质遗迹业已受到不同程度的损坏，有的甚至岌岌可危。石质遗迹的主要病害有陡边坡岩体失稳，地震与人工爆破等震动引起的开裂、崩塌，风沙吹蚀，风化剥落，降水、地下水造成的渗漏和积水以及环境污染造成的腐蚀等。自 20 世纪 50 年代开始，我国先后对敦煌莫高窟、云冈石窟、龙门石窟、大足石窟和王建墓以及高颐阙、永济桥等一批重要石质遗迹所处的自然环境和其损坏的状况进行全面调查，并针对濒临坍塌、损毁的遗迹做了抢救性的修复工作。20 世纪 60 年代以重力挡墙的技术作为加固工程中防止石窟崖体坍塌的主要手段。20 世纪 70 年代开始采用锚固和灌浆的措施，通过锚杆支护和灌浆粘结来提高石窟围岩的强度和抵抗变形的能力。20 世纪 80 年代以来，包括植物工程学在内的多学科技术手段的综合应用，使石质遗迹的保护工作步入了更科学的新阶段。

（1）石窟的保护

我国的石窟遗迹众多，已被列入全国重点文物保护单位的就有三十四处。这些石窟大都开凿于依山傍水的崖体上，在长期渗水、风化以及地震等自然因素的作用下，岩体上往往形成许多裂隙。由于大部分裂隙是与崖面平行的，很容易使岩体沿裂隙产生坍塌，这些有坍塌和坠落可能的岩体被称为危岩。对危岩和开裂洞窟的加固，是石窟保护面临的最普遍的问题。

莫高窟开凿于敦煌大泉沟西侧的陡崖上，因崖壁原生的地质病害和人为的影响，历史上曾造成多次洞窟的坍塌。20 世纪 60 年代曾以钢筋混凝土重力挡墙和洞门墙的抢险加固工程，阻止了石窟大面积崩塌，同时修建栈道为开放参观与研究保护创造了必要的条件。具体实施的技术措施主要有：支顶、挡、刷。"支顶"是用片石砌体或钢筋混凝土梁柱对悬空岩体加以支撑，避免坍塌的发生。"挡"是建造厚重的石砌体或混凝土结构的挡土墙以抵抗岩体侧向压力和地震的负荷，防止因崖壁裂隙所产生的向外倾覆的趋势。"刷"是对部分悬崖危石予以凿除，减轻上部岩体的自重[9]。这些工程对莫高窟南区 570 米长的崖面及三百五十八个洞窟进行了加固，同时解决了上下层洞窟和同层洞窟之间的交通连结问题。20 世纪 80 年代又加固了莫高窟 130 号窟以南一段 172 米范围内的二十六个洞窟，使莫高窟大部分区域得到了治理。不过，由于当时技术水平和经济条件的限制，厚重的混凝土梁架和挡墙与石窟的景观不很协调，在加固结构上也欠合理。如果挡墙沉降或开裂，其支顶石窟岩体的作用必将大大减弱。

麦积山石窟所在地层属第三系砂砾岩，胶结程度差，易风化，这里又属于地震多发区。山体及洞窟内裂隙众多，大型洞窟的顶板、地面、门洞都存在因开挖洞窟后出现的应力裂隙，构造、卸荷与应力裂隙交错切割等成为石窟失稳的主要因素。20 世纪 70 年代中期从搬迁、重力挡墙等多种方案中确定使用喷锚加固的方案。这种方法以不同的锚杆采用水平或倾斜的不同方向穿过裂隙岩体，将不稳定岩体锚固在稳定的岩体上，然后将锚杆端与细钢筋网焊接，表面用高压喷涂 5～15 厘米厚的混凝土，再用山体岩粉和胶罩面做旧。在进行锚杆锚固力、锚孔灌浆材料特性、锚杆在砂砾岩中抗剪加固作用和抗拉应力分布方面的试验后，设计了加固工程所需的锚杆数量、位置、方向、长度以及喷射混凝土的厚度、材料组成。对于大体量悬挂危岩采用了锚杆牛腿支托和灌浆加固措施。为了达到锚浆快凝目的，在铝粉水泥砂浆中添加 107 胶，利用铝粉的气胀和 107 胶的黏性，使这种浆液灌入锚杆后的总体极限锚固力随着锚固长度的增大而接近普通水泥砂浆锚固的锚固力。还对洞窟内的裂隙分别使用 107 胶水泥浆和化学灌浆进行充填，以防止锚杆锈蚀及粘结[10]。历经十余年的观察证明，工程安全可靠，较多地保存了原貌。但尚存在混凝土喷层掩盖了一些建筑梁孔残迹以及钢筋锚杆长期使用难免锈蚀的缺陷。

榆林石窟的东崖有两组十一条大裂隙。经由岩体裂隙渗漏的雨水使泥质胶结的砾岩层松散，导致窟顶壁画大面积脱落。岩体裂隙渗漏雨水的更大危害是造成岩体大块崩塌，这将会对石窟带来毁灭性的破坏。20 世纪 90 年代采用锚索锚固和灌浆结合的技术，对第 12 至 17 窟区实施了加固工程。化学灌浆的浆材为 PS—F 浆液。这种浆液是以最佳模数的硅酸钾为主剂，掺加粉煤灰，并加适量固化剂配制而成。它的和易性和流动性较好，不易产生分离。在现场施工中对第 12 至 17 窟崖体上宽 0.2 米以下的岩体裂隙都用 PS—F 浆液灌浆，而宽 0.2 米以上的裂隙则用水泥砂浆灌浆和填充。其中用 PS—F 灌浆的有九条裂隙，窟内裂隙六条，窟外崖面裂隙三条，总长约 168 米；用水泥砂浆灌浆填充的二条裂隙，均为外崖面裂隙，长约 60 米。对五个测试点进行人工地震仪的检测证明，PS—F 浆液的灌浆效果理想[11]。PS—F 作为一种新型的灌浆材料，具有耐气候性强与裂隙岩壁黏结性好、可灌性强、操作工艺简便、成本低廉等优点，适于强度低且风化严重的砾岩岩体裂隙灌浆，可以更好地贯彻"不改变文物原状的原则"。除了使用锚索锚固与灌浆结合的方法外，在风化岩体表面还喷涂 PS 材料，以起到防水、防风化的作用。

风吹沙蚀这类病害对我国新疆、甘肃、宁夏等西北地区石窟的破坏最为明显。尤其是位于鸣沙山脚下的莫高窟，遇到大风、沙尘暴时，砂石、尘土常以风沙流的形式源源不断地沿崖壁泄流而下进入洞窟内，使许多洞窟前室或洞窟外露壁画受到沙割、沙打和磨蚀，严重威胁着石窟的安全。早在 20 世纪 60年代，保护工作者就采用草方格、碎石、挡风墙等方法进行防沙，但收效甚微。20 世纪 90 年代初在莫高窟顶戈壁上建立起三角形尼纶防沙网，有效地防止了鸣沙山的沙尘进入窟区。可是防沙网阻止了鸣沙山的沙流后，却又导致气流开始搬运洞窟崖顶斜坡上的积沙，结果加剧了崖体的风蚀作用。为此，对防沙网之前的积沙和洞窟崖顶斜坡上的覆沙采取了化学固沙和生物固沙的试验。化学固沙选用的是一种无机胶结材料（PS）和三种有机胶结材料（AC、AS、SS）。对这四种胶结剂的固沙试验和现场实验表明，PS（高模数硅酸钾）、AC（40% 甲基丙烯酸酯和 60% 的丙烯酸酯共聚乳液）、AS（聚酯树脂乳液或聚醋酸乙烯乳液）都是较理想的固沙胶结剂。但在这一地区特殊干燥的气候条件下，有机胶结剂容易较快地老化，而无机胶结剂 PS 具有较强的耐气候性和较好的耐紫外线辐射性，且成本低廉、操作工艺简单、对环境无污染，适合对莫高窟顶的覆沙和风蚀严重的崖面进行化学加固[12]。采用生物措施防治风沙是一项新的石窟保护研究课题。经初步试验，在莫高窟顶的砂砾地采取提水滴灌的方法栽植沙生植物，只要植物种选择合适，其成活率可达 81.5% ~ 100%；有的植物种可以完成当年开花、结种的生命活动全过程[13]。当然，要从根本上解决风沙对石窟的危害，只有开展包括植物工程、化学治沙等方面的综合治理。

在破坏石窟的因素中，水的危害是相当普遍而且十分严重的。四川大足石刻地处丘陵，北佛湾顶部地势平坦，形如围椅状，构成了地表和地下水汇流的储水地带，石刻区岩体的下部又为泥岩及粉砂岩夹层，成为地下水储存和渗流的空间和通道。水患治理的方法是先在窟顶打井，挖排水沟，做局部防渗层。随后在低部开挖隧洞，对漏水严重的洞窟进行裂隙灌浆[14]。这样一来，可将大部分地下渗水排走，但由于近崖壁顶部的排水防渗未能得到根治，局部渗水的问题尚待进一步治理。

环境污染对石窟造成的破坏也是十分严重的。云冈石窟周围被十多个煤矿所包围，昼夜不停的运煤车，带来大量的煤灰粉尘。通过对云冈石窟有檐的第6窟和敞开的第9窟内外进行大气漂尘和污染气体质量浓度与化学成分的测量，可知主要气体污染物为 SO_2，户外浓度为31PPb，窟内平均浓度为19PPb，已发现一些岩体表面形成硫酸钙。经模拟空气进入洞窟和颗粒沉降于表面的计算机模型计算，大约只需半年的时间，第6窟和第9窟的水平表面将会被一层尘土所覆盖[15]。为了消除窟外的颗粒来源，有关部门已改变了运煤路线，采取覆盖运煤卡车和改造周围的土路等措施，减少了漂尘对云冈石窟的污染。同时，修筑窟檐和安装机械空气过滤系统，也可达到控制漂尘污染的效果。

在莫高窟等石窟地区还设置了全自动气象站，对空气温度、湿度、地面温度、风向、风速、光照、降雨量进行监测；

图一八　保护修葺后的新疆克孜尔石窟外景

并采用自动或半自动装置，对各洞窟的环境进行长期和短期监测，为今后石窟的环境治理提供了科学数据。

随着时代的前进，石窟的保护越来越注重对病害机理和修复技术的科学研究，注重对遗迹及其自然环境的监测与研究，已从局部微观的抢险发展到全局宏观的综合治理（图一八）。

（2）陵墓的保护

石室陵墓的主要病害有渗漏、积水、结露、凝浆、霉菌、盐类聚积、开裂、坍塌等。因此排水、堵漏、防潮、防霉、通风及加固成为陵墓保护的基本技术措施。

位于四川省成都市的王建墓，建造于公元918年。墓室结构为十四道双层石拱，内层为肋拱，外层满布版拱，平面上呈凹凸相间的城垛状。冢顶有封土。20世纪80年代曾对原冢土体四周采用浆砌条石堡坎，又在冢顶敷土，并设置环形盲沟。

由于未留排水孔，使渗入冢体的雨水无法排出，导致墓内大量漏水。20 世纪 90 年代初针对病害，采取了防渗、排水、稳定冢体边坡和通风等主要维护措施。首先按 1∶1.5 开挖边坡揭开冢体，露出墓室及甬道外廓，以 CB 混凝土砂浆制成砌块将墓室拱顶与侧壁补齐，用白灰砂浆补缝，再加 445 厘米厚的灰土，并在灰土表面涂防水涂料。然后沿墓室及甬道四周敷设多孔混凝土排水管，使甬道出口两翼墙侧排水沟与原冢体四周排水沟相连接，排水管四周回填反滤材料，在原堡坎上增设排水盲井和排水孔，与墓外排水沟相通，东、西、北侧堡坎重砌，同时铺设排水盲沟，以达到减轻墓室四周排水的要求。冢体四周坡度控制在 20°～22°，为满足现有堆土稳定坡度的要求，在冢顶植草，保护冢体表土不再流失。还在墓后原防空洞位置，增设机械排水设备，使墓室空气对流，减少湿度[16]。经过多年观察，该墓的雨水渗漏已完全解决，墓内湿度也得到了改善。

建造于广州市象岗山的西汉南越王墓，由墓道、前室、主室、东西耳室、东西侧室及后室八部分组成。墓室原位于象岗山 17 米深的洞穴内，后被揭露出墓顶，其周围山体已风化破碎，雨水从山体内渗入墓室。墓壁采用六百六十余块粗加工砂岩料石干砌黄泥批缝砌筑而成，砌墙石普遍含水风化，有的也已断裂、掉落。前室壁画褪色，并覆有白色菌类和盐类，壁面遭受干湿交替的风化侵蚀。1983 年发掘后，先后采取了墓室加固、墓壁防水、防风化材料刷涂和墓室外围防渗、排水等多项保护措施。其中墓室加固工程以断裂粘结，表面防风化加固为主；顶盖石的断裂面先刷涂环氧树脂稀溶液渗透补强，固化后再用高环氧值的环氧树脂、聚硫橡胶和聚酰胺系列的高强度黏合剂粘接；不能移动的顶盖石则采用环氧树脂、呋喃树脂和有机胺体系的浆液灌浆补强；对风化剥落的石墙表层岩体采用有机硅材料护封加固，残蚀部分用原状岩石补修完整，砌缝用黄泥加聚丙烯酸树脂乳液胶结材料腻缝补齐。至于墓室围岩的防渗设计，沿墓室四周修筑一道钢筋混黏土防水墙，迎水面做防水层；墙外挖排水暗沟，沟内铺设多孔滤水管，管上做卵石滤水层，上部回填土夯实[17]。经过室内试验和现场质量检测，证明该墓的加固和防风化效果达到设计要求（图一九）。

关于陵墓的保护，除了上述墓顶和墓壁的加固、防水措施外，还包括墓底隔水工程和防止凝结水在墓室内结露以及防霉、防潮等项技术。

（3）壁画的保护

不论是石窟内的壁画，还是墓葬中的壁画，由于千百年来自然的和人为的破坏，往往会发生龟裂起甲、酥碱、脱落和发霉等严重的病害。20世纪50年代，我国曾邀请捷克斯洛伐克专家约瑟夫·格拉尔对敦煌莫高窟474号窟起甲壁画作示范性修复。他所用的材料是卡赛因，当时的效果较好，可是时隔不久处理过的壁画又重新起甲。20世纪60年代初，有人试用以不同比例的胶液或胶矾水粘贴起甲壁画，但效果也不理想。胡继高等学者在对壁画的结构、病害的原因进行认真分析的基础上，先后采用各种天然动植物胶和聚乙烯醇树脂、聚醋酸乙烯乳液、环氧树脂以及乙基纤维素等有机合成胶粘材料对敦煌莫高窟的病害壁画作了一系列的试验。经过多次筛选、对比，最终确定聚乙烯醇水溶液与聚醋酸乙烯乳液混合剂的效果比较理想[18]。用这些材料修复过的起甲、酥碱壁画，经过近30年的考验，效果依然较好。

图一九　保护加固后的广州南越王墓墓室彩绘壁画

　　吉林集安地区高句丽壁画墓因墓室内湿度大、墓顶封土渗水等原因，造成石壁面出现岩浆（碳酸钙）掩盖壁画以及壁画地仗层剥落、颜料层滋生霉菌等诸多病害。自20世纪60年

图二〇　保护前的陕西蒲城唐李宪墓壁画

代起，为了避免外界气候对墓室内部的影响，采取延长墓道、加厚封土、开沟断水、植树修墙等措施改善高句丽壁画墓的自然环境，同时使用化学药品清除碳酸钙、霉菌及对壁画进行加固和封护，使高句丽壁画墓得到了较好的保护。

　　20 世纪 80 年代以来，陕西地区唐代壁画墓的保护，在全面总结继承传统的修复工艺基础上，对传统的方法进行了改进，首次使用了"轻型蜂窝板材＋丙烯酸类粘合"的加固技术，取得了良好的效果（图二〇、二一）。

（二）考古遗物的室内保护

　　发掘出土的考古遗物大都是在未经任何处理的情况下进入

图二一 保护后的陕西蒲城唐李宪墓壁画

库房的。这些曾经埋藏于地下的各种考古遗物，因地质环境等方面的影响，有的已形成不同程度的病害甚至损伤。运用科学的手段，对出土遗物进行定性、定量的诊断分析，了解遗物的历史和现状，探索遗物病变的原因，研究阻止或延缓其劣化的技术措施，应是室内考古遗物保护的前提。

考古遗物的室内保护，主要包括修复残损、去病除垢、终止或预防自然环境对遗物的破坏。对已损坏的遗物进行修复，是保护工作的当务之急。但长期持之以恒的任务应是预防，即创造一个良好的收藏环境，尽可能使遗物不再发生自然朽坏，并可长久完好地保存下去。实际上遗物的保养和修复是一个过程，是一种平衡关系不断建立的过程，不能只局限于现有的状态。正是因为考虑到将来会出现更好的方法，在对出土遗物进行保护修复时，修复材料除了具有所要求的基本性能外，还应具有可逆性。这样当遇到新的损伤或有了更科学的修复方法时，就可以利用其可逆性对修复遗物进行还原，使遗物能够得到更完善的保护。同时不同质地、不同保存状况的遗物，应分别采取不同的处理方法，如果处理方法选择不恰当，也将会给遗物带来严重的损毁。对于文物保护来说，没有包治百病的万能良方。

1. 无机质地遗物的保护

在金、银、铜、铁制之类有机质地的金属遗物中，铜和铁制品是最易被锈蚀的。它们的锈蚀机理比较复杂，除与器物本身的成分和结构等因素有关之外，还与周围环境中氯化物、水和氧气的影响有直接的关系。在腐蚀生成的铜锈中，对青铜器危害最大的是被称作"青铜病"的绿色粉状锈。"青铜病"是一种传染性较强的有害锈，其锈蚀作用会不停地进行下去，直到器物溃烂和穿孔，甚至彻底瓦解成粉末为止。对于已经腐蚀的金属遗物，20世纪50至60年代的保护目的是尽可能地剔除腐蚀物，因而采用了化学溶剂和电化学方法以及电离子方法。20世纪70年代伊始，人们意识到彻底去除锈层虽可为保养金属体创造良好的条件，但被锈层封住的有价值的纹饰以及纺织品印痕等也会被完全消除。于是，保护工作者把注意力转向金属腐蚀机理的研究，从稳定金属的保护开始，有选择地尝试缓蚀剂的配制，在模拟实验的基础上来比较缓蚀剂和保护膜的优劣，再选用抗蚀效果好的封护剂配方用于遗物的保护。尽管传统的腐蚀去除法一直被沿用，但同时还可见到一种新的修复金属遗物的方法，而新的方法可能使原来的"铁匠"所用的传统材料被综合性树脂所代替。

（1）铜器的保护

青铜器的锈蚀主要是电化学反应的结果，也就是它向较稳定的矿物质状态变化的过程。那么，对于青铜器的保护来说，需要形成一种相反的作用，把矿化的物质还原为金属，消除造成电化学腐蚀的因素，克服和隔绝外界环境的化学作用，以阻止器物的进一步锈蚀（图二二、二三）。

20 世纪 50 年代，一般铜器除锈的方法是先放在由冰醋酸

图二二 三羊兽面纹铜尊——保护处理前

图二三 三羊兽面纹铜尊——保护处理后

和水配制的去锈剂中浸泡，然后提出刷洗，不能脱落的锈再用工具铲除。

20 世纪 60 年代中期，丹麦学者用苯并三氮唑（简称 BTA）的乙醇溶液浸泡锈蚀的青铜器，BTA 是工业上广泛使用的铜及铜合金的特效缓蚀剂，它能与铜及铜盐形成稳定络合物在铜与铜合金表面生成不溶性、透明的保护膜，从而对青铜器的稳定和保护起到一定的作用。20 世纪 70 年代上海博物馆科学实验室经过多次试验，证明用苯并三氮唑作为铜器防腐蚀的封护剂是一种行之有效的方法，必要时可除去保护膜，恢复原貌，而对遗物并无影响[19]。中国文物保护科学技术研究所采取氧化银作局部处理，然后用 BTA 浸泡青铜残片，也获得较为理想的效果。安徽省博物馆文物保护科研室还尝试用特制的电蚀装置应用局部电蚀法来去除青铜器上的"粉状锈"[20]。实验结果说明，用局部电蚀法去除青铜器上的粉状锈是完全可行的，特别是对那些外貌完整但又有严重粉状锈斑块的青铜器尤为合适。

自20世纪80年代开始，主要对苯并三氮唑保护方法作了进一步的改进。有的研究者在苯并三氮唑中加入辅助缓蚀剂碘化钾（KI）或对氨基苯胂酸（APA），以增强其缓蚀能力[21]。有的研究者在苯并三氮唑中加入十二磷钼酸钠和硅酸钠，再用有机硅树脂配制的表面封护剂封护，使其具有较强的耐水性及抗盐雾性[22]。为了进一步探讨青铜器的锈蚀机理和保护方法，人们预先仿照古代青铜器的成分铸造青铜仿制品，并在这些青铜仿制品上进行模拟实验，然后将结果用于真实的青铜遗物加以验证。这种实验把以往的定性观察改为定量观察，即采用溶液分析法、电化学极化曲线法、腐蚀电位测定和气相腐蚀观察等方法探讨青铜样片经预处理后，在含氯介质中的腐蚀行为，旨在定量的方法中找出经济、优越的预处理条件，并在文物上取得明显的保护效果。经过一系列的实验发现，对于青铜合金，特别是锈蚀严重的青铜器，苯并三氮唑只能起到一定的保护作用，而在苯并三氮唑中加入适量的其他副缓蚀剂和采用有机硅表面封护剂封护，可以增强其缓蚀能力，获得理想的防腐效果。

20世纪90年代，陕西省的文物保护工作者在锈蚀模拟实验的基础上，经过多次筛选终于确定了铜合金保护剂的定型配方，简称 XD^5 保护剂[23]。这种保护剂具有一定的抗氯化物、硫化物及酸、碱、盐的腐蚀性能，是一种可逆性的铜及其合金的保护剂。该法用转化剂将有害锈转化为无害锈，免去了传统的机械去锈工艺，去锈、保护一次性完成，不损坏文物原貌。这种保护剂经陕西省博物馆的使用证明，操作简单，快速易行，价格低廉，效果良好。

在运用机械和化学方法防治"青铜病"的同时，人们也在探索用激光技术清除青铜器粉状锈的方法。合肥大学就曾用CO_2激光器对青铜器进行除锈试验，西北大学也用钕玻璃、YAG、红宝石脉冲激光和调 Q 激光对青铜器进行除锈处理[24]。

不过，到底采用哪一种类型的激光器，工作方式选择连续的还是脉冲的，调 Q 还是非调 Q 的，如何把激光能量引入（或作用于）器物内部去清除深处的锈蚀物等等，都需要进行更多的实验和分析。应用激光清除青铜器的粉状物，虽然开辟了一种除锈的新途径，但尚处于试验阶段，许多理论和实践上的问题有待于进一步的大量实验才能达到实用的阶段。

（2）铁器的保护

铁器锈蚀的主要原因是铁制品内含有较多的碳和硫的杂质，长期受到含有二氧化碳的水氧化的结果。因而防止其继续氧化和加固质地是铁器保养的主要方法。

20 世纪 50 年代，对于表面生锈而内心尚存未锈蚀的铁器，采用电化学的复原法，使用氧化铁还原为铁。河北辉县出土的铁铲和河南洛阳烧沟汉墓出土的铁镜便是经过复原法处理的。对于质地松脆、锈层成龟裂状或片状开裂的铁器，一般用石蜡、虫漆、赛璐珞、醋酸纤维、有机玻璃等加固剂进行保养。北京定陵发掘中就曾尝试用有机玻璃（聚甲基丙烯酸甲酯）处理铁器[25]。

从 20 世纪 60 年代开始，使用聚苯乙烯代替石蜡等加固剂来保养铁器。聚苯乙烯是水白色的溶液，不含游离酸和醇的杂质，不会受到含碳酸气的水分而泛白，凝固后坚硬，且熔点高于石蜡等。江苏泰州、无锡、南京等地出土的汉代戟、鼎等铁器，就是用聚苯乙烯作加固剂进行处理的[26]。这种处理方法，可使铁器保持原色，质地增坚，不吸收水分，而且增强在盐酸、氢氧化钠、氯化钠、双氧水等介质中的耐蚀性。

用酸除锈是人们最常用的方法，但酸在除去锈的同时，也除去了被锈层封住的有价值的纹饰以及纺织品印痕。进入 20 世纪 70 年代，人们发现如果处理得当，用磷酸不但可以除锈，还能在铁表面形成磷酸铁盐膜，对铁基体起到保护作用。经过多年的观察，用磷酸处理后的汉代铁灯、铁剪、铁锤等遗物，没有发生由于未洗净的残酸而带来的新的腐蚀或其他异常现象，使印在古铁锈层上的纺织品痕迹也得以保留，有利于科学研究[27]。对于一些氧化程度较深的铁器，则采取了环氧树脂、聚醋酸乙烯酯甲基丙烯酸甲酯——甲苯溶液、虫胶片等多种方法，其中以用环氧树脂和其他高黏性溶液渗透加固封护的效果较好。环氧树脂是一种黄色或琥珀色高黏度透明液体，它与多元胺、有机酸酐或其他熟化剂发生反应后，可变成坚硬的体型高分子化合物。将环氧树脂用丙酮溶解为适当浓度的溶液，加 10% 的固化剂，涂抹烘干过的铁器，特别是有缝隙的地方可使之渗透进去，以便于其长期保存。

1997 年，辽宁省文物考古研究所与日本奈良国力文化财研究所合作，应用现代物理和化学技术以及相应的专业仪器设备，对北票市喇嘛洞鲜卑贵族墓道出土的铁器实施了保护处理。使用的仪器设备有 SCZH 型实体显微镜及显微镜摄影装置、小型电动除锈装置、DN—600 型送风定温恒温器、金属减压含浸装置、高真空干燥钢罐等。通过显微观测、机械除锈、脱盐处理、树脂减压含浸、拼补整形和着色等主要程序，取得了国内首批经过树脂减压含浸法处理的铁器标本。传统的加固方法如蜡液浸泡、清漆涂刷等，虽然可使铁器外表与空气隔离，但因内部残留空气的存在，铁器的缓慢锈蚀在保护处理后仍将不可避免地进行下去。而合成树脂减压法正是克服了传统方法的这种缺点，它能在减压状态下使树脂填充到铁器内部空隙里，从而将内部残留空气排出来。这样一来，铁器的内部和外部均被树脂膜保护起来[28]。整个处理过程都是在定量条件下进行的，因而具有一定的科学性和合理性。

（3）银器的保护

银是一种稳定性较高的金属，但在潮湿的环境中，在银的表面接触到氯、硫化物等杂质，或腐蚀介质在银表面上滞留而参与反应的情况下，也容易使银发生腐蚀而引起变色。除了出土银器上有严重的腐蚀之外，暴露于大气里的银器也极易受到空气中氧、日光和潮湿的影响而生锈或变色。对于银器的处理，通常采用化学钝化或电解钝化的方法，还有采用镀银合金或在银上镀一层金、铂等贵重金属及有机涂层，其目的都是为了抑制或推迟银器的变色时间（图二四、二五）。

1987 年，上海博物馆采用甲酸除锈剂并添加少量的巯基苯基四氮唑，清洗一件鎏金银器，清除了有损于器物形貌、遮盖器物表面花纹的锈垢。由于巯基苯基四氮唑能够在银表面形成致密的透明膜，因而可以有效地抑制腐蚀介质与银器表面的反应，防止银器变色。他们还用这种方法对一批墨西哥银元进行了分组处理。实验结果表明，采用甲酸并添加少量缓蚀剂比单独用甲酸溶液处理的效果要好，而添加了巯基苯基四氮唑的比添加苯并三氮唑的处理效果更好[29]。

图二四　六曲银杯——保护处理前

图二五　六曲银杯——保护处理后

任彩元等研究者经过反复实验，筛选出物理和化学并用的除晦方法，并研制成一种抗各种化学物质侵蚀的银器保护剂——XD—1。XD—1银器保护剂是一种带有极性集团的有机化合物，极性分子可以在银表面形成定向排列和堵塞微孔，因此这种有机化合物能在银表面形成一层薄而均匀的保护膜，使银表面与外界介质隔离，从而防止银表面与大气腐蚀作用生成银化物。初步实验表明，XD—1具有良好的抗银变色性能和较强的黏结力，是一种可逆性保护剂。但由于样品少，观察时间较短，其可行性还有待于进一步实验来证明[30]。

2. 有机质地遗物的保护

在有机质地的遗物中，最难保养的要数漆、木器及纸张、纺织品。漆、木器的原料属于吸湿性物质，对于干燥最为敏感，并随着空气相对湿度的变化而伸缩，在饱水的情况下或过于潮湿的情况下保存都是不利的，即使是在一般情况下任其自然干燥，也难免不发生严重收缩和开裂，甚至出现毁灭性的损坏。纸张、纺织品的原料属纤维质地，这些纤维制品既是害虫喜欢蛀蚀的对象，也是微生物滋生的温床，加上天然纤维具有吸湿性，更有利于害虫的活动及霉菌的生长。自20世纪70年代开始，人们注重有机质地遗物保护环境的研究，在对遗物放置环境实施监测的同时，针对不同质地、不同工艺及不同保存条件的各类有机质文物实施相应的保护措施，对漆、木器和纸质等文物的保护工作已有了较大的突破。

（1）漆、木器的保护

从地下出土的木器和漆器，多数都饱含大量的水分。20世纪60年代初期以前，对于饱水漆、木器的保护，主要采取将其浸于水中或浸置甘油中的方法，以避免因脱水而变形。河南信阳长台关楚墓出土了七百余件漆、木、竹器，由于墓室内积满了水，所有的有机质器物全都饱含水分，腐朽不堪。若让它们自然脱水，木胎势必发生曲翘、开裂，以致严重变形而失去文物价值。为了保存这批珍贵的文物，只好一直将其浸泡在水中。然而浸泡在水中的漆器虽保持了外形，但腐朽的问题却难以解决。

20 世纪 60 年代后期至 70 年代后期，对于出土漆器的保护，主要有三种途径：第一是不用任何试剂处理，仅延缓和控制漆器内部水分蒸发的速度，使其自然干燥，故称自然干燥法。第二是用有机溶液逐步取代漆器木胎内部的水分后，再用非水溶性树脂对漆器胎骨进行渗透加固，使其脱水，如醇—醚连浸法。第三是用水溶性的树脂或其他水溶性材料对饱水漆器胎骨进行渗透加固脱水，如聚乙二醇树脂渗透加固法等。当然这三种方法有时也是同时并用的。

湖南长沙马王堆汉墓出土的漆、木、竹器的保护，就是根据这批器物质地和含水量的差异，采取了不同的保护方法。其中质地较坚硬且含水量较少的漆器大都采用自然干燥法进行脱水处理。湖南省博物馆的地下室，相对湿度大且终年比较稳定，构成了一个特定的自然干燥的环境。马王堆汉墓出土的一部分漆器就是在这个特定的环境中，经过几年的缓慢脱水而最终干燥定形的[31]。而对于腐朽严重的木器和竹器，则使用醇—醚连浸法作脱水处理。湖北江陵望山楚墓出土的竹简也是采用醇—醚连浸法作脱水处理的[32]。用这种方法脱水定形后的木器基本上保持了原貌，竹简的色泽、质地和字迹也较理想。1978 年出土于江苏武进县的南宋戗金细钩填漆长方盒，则是采用聚乙二醇渗透阴干法处理的[33]。

20 世纪 70 年代末，湖北省荆州地区博物馆实验室对凤凰山汉墓和监利唐墓等墓出土的近百件漆、木、竹器曾采用真空加热干燥法进行脱水处理实验[34]。真空加热干燥法是在真空箱内分别控制影响木材内部水分移动的三要素——温度、湿度、压力。在较高温度（45°C～70°C）和潮湿条件（饱和水蒸气）下处理器物，当器物内外温度相近时，再对真空箱内进行减压，同时停止加热，使饱水器物的内与外产生温差、压力差和水分梯度，从而使器物内部的水分向外部比较均匀地蒸发，以此达到脱水的目的。实验的结果，除个别器物稍有变形外，其余大都获得成功，证实了真空加热干燥法是一种简单、经济的方法，它不仅保存了器物的原貌，而且对器物没有任何副作用。

20 世纪 90 年代初，河南省古代建筑研究所和郑州工学院应用蔗糖溶液浸渗法对 20 世纪 50 年代河南信阳长台关楚墓出土的一批胎质高度腐朽、含水率极大的漆、木器进行了脱水定形试验[35]。蔗糖溶液浸渗法是一种新颖的保护方法，它的适应范围广，对不同含水率、不同树种的器物都能适用，而且具有可逆性，处理后的器物对环境的适应性也很强，极有利于陈展和收藏。试验的结果，已脱水的器物，在通常的环境中经过一年多的观察，没有发生收缩、开裂和变形的现象，脱水后木胎的强度有了很大的提高。蔗糖溶液浸渗法处理工艺简单，成本较低，易于操作，是一种很有发展前途的方法。

中国文物研究所运用冷冻真空升华技术对 1957 年河南信阳长台关楚墓出土的漆杯豆作了脱水研究[36]。冷冻真空干燥的方法是利用分子能够直接从固体状态变成气体的原理，将古代饱水的木、漆器先进行低温冷冻，然后在真空条件下升华干燥，使之达到脱水的目的。通过对研究漆器木胎化学成分的分析、漆器试块冷冻后膨胀率的测定，经过若干次以叔丁醇置换饱水漆器木胎试块作冷冻试验，终于筛选出最佳的方案——20°C 速冻。由于文物原件的杯、把、座已经分离，为慎重起见，脱水亦是分为三次进行的。处理后的各部分木胎均未发生变形现象，保持了木胎原有的质地和形状。最后经过粘贴、修补和拼对，把杯、把、座三部分结合为一个整体。

（2）纸质品的保护

虫、霉危害是纸质文物的大敌。由于害虫分布广泛，霉菌的孢子又大量散布在空气中，要将纸张保存在无虫无菌环境中是极其困难的，只有采用抑制害虫和霉菌生长繁殖的办法才能收到较好的效果。防治虫害的方法主要有物理防治和化学防治。物理防治是利用能使害虫致死的稳定和射线直接进行灭虫，如高温、低温、高频、微波加热，钴 60 辐射等。化学防治则是通过药剂与昆虫有机体接触，造成其内部组织细胞的破坏，产生病理学变化，最后形成全部生理机能的变化来达到消灭害虫的目的。化学杀虫剂的种类较多，一般分为植物性杀虫剂、合成杀虫剂和熏蒸剂三类。关于纸质品的保护，以化学防治方法的应用最为广泛。

据《本草纲目》记载："黄蘗……杀蛀虫。"黄蘗，今名黄柏。早在北魏时就被用来染纸辟蠹。上海博物馆将有杀虫作用的黄柏切磨成粉末，分别以水、石油醚、丙酸、硝基甲烷等有机溶剂抽提，用其提取物做杀虫试验。试验结果，经黄柏水提取液或黄柏中提取的药硷渲染过的宣纸，有明显的防蛀效果[37]。他们还从茵陈、姜黄、黄菊花、藿香等二十余种植物中，筛选出了抗菌活性最强的三种植物，并从中分离出 CI、

OI、LI 三个活性成分，制成中药防霉剂。经抗广谱种试验和最低抑制菌浓度测定，该中药防霉剂具有良好的防霉效果，且对人体安全也没有明显的影响[38]。

中国历史博物馆对清代以来流传于广东地区的万年红纸进行了剖析。这种纸是一种涂布纸，因经年历久不变颜色而得名。通过显微镜和激光探针的定性分析以及 X 衍射的结构分析，发现涂层的主要原料是以铅丹为主的化合物，从而揭示出万年红纸张具有防蠹作用的科学原理。该馆在仿照清代万年红纸的主要成分和配比的基础上，又吸收了广东佛山、潮州等地民间纸坊的传统技艺，成功地研制出铅丹防蠹、防霉的配方，并将其应用到古籍、书画、文献资料和纺织品等有机质地文物的辟蠹养护方面[39]。

中国文物研究所在对环氧乙烷废气排出及熏蒸设备和工艺条件实施改进的基础上，应用环氧乙烷气体对毛主席纪念堂的藏书进行杀虫灭菌试验，获得了较好的效果。为解决书画装裱长期沿用的面粉浆糊所引发的霉变、虫蛀及变色等问题，浙江省博物馆研制出长效防霉防蛀装裱黏合剂，这种黏合剂能持久防霉、防蛀，不易水解和变性，有与面粉浆糊相似的可逆性和柔韧性，对各种纸张材料强度无不良影响。

为了修复因受虫蛀霉烂、自然老化等因素影响而发脆、粉化的纸张，南京博物院在采用传统的托裱加固法、高分子材料加固法、聚醋酸乙烯薄膜加固法的基础上，将树脂网热压加固技术应用于脆弱纸质文物的修复，经十余年的实践证明，树脂网适用于脆弱型纸张的加固，加固后的纸张既具有良好的透明度，又不影响原貌，同时还具有防霉和抗老化的能力[40]。20世纪 90 年代开始，该院又把派拉纶成膜技术引入纸质文物的保护。派拉纶是对苯二甲基聚合物的总称，它的渗透力极强，并具有穿透裂隙在里面聚合成高分子的能力，靠其形成的立体网络结构，可用于内部碎裂物体的加固[41]。使用这种技术加固后的纸张、纺织品，有着强度大、耐水、耐酸蚀和耐老化性等优点。

损害纸质文物的因素除了虫害、霉菌的侵蚀以外，造纸工艺以及造纸原料中含有的酸性物质都会给纸张的耐久性带来潜在的危害。早在20世纪30年代国外就成功地运用钙、锶、钡等金属式碳酸盐的水溶液脱酸，20世纪70年代又发明了DEZ真空脱酸技术。20世纪80年代我国开始对DEZ的设备设计、制造、药剂的合成以及应用工艺条件的选择进行全面的研究。历时八年，证实DEZ对酸性纸有较宽的适应性，能对各种质地、成册的图书进行脱酸处理[42]。DEZ气相脱酸的优越性，为保护文化遗产提供了一种新的手段和方法。

（3）丝绸织物的保护

中国文物研究所用环氧乙烷熏蒸的方法对长沙马王堆出土的丝织品作充氮保存，有效地抑制了霉菌的生长，延缓了丝织品的老化。

在长沙马王堆汉墓出土的丝织品中，有三幅印花和印花敷彩纱及以此为面料的丝锦袍等。因埋藏在地下两千余年，出土时稍经翻动或用手触摸，这些印花敷彩织物上的颜料就呈粉末状脱落。陈国安等研究者采用桑蚕丝胶喷涂加固的方法，从试验到处理成幅的泥金银火焰印花纱，都取得了较好的效果[43]。他们从生丝中提取丝胶，将新提取的丝胶加入30%的乙醇蒸馏水，混合配成一定含胶量的液体后，装入喷枪内喷涂。经过十几年的观察，用丝胶保护处理过的织物，其固色和保持的效果都是比较稳定的。实践证明，桑蚕丝胶确实是一种与加固对象材料相近的理想的天然材料。

对古代遗物进行保护处理，一种方法或一种材料，不经过长时间的观察，很难确定其最终的实际效果。因此必须审慎行事，切忌用一种配方或一种工艺去处理质地不一和损坏程度不同的遗物。

注　释

［1］李最雄等《室内土建筑遗址的加固试验——半坡土建筑遗址的加固试验》，《敦煌研究》1998 年第 4 期。

［2］李最雄等《古代土建筑遗址的加固研究》，《敦煌研究》1995 年第 3 期。

［3］李最雄等《交河古城土建筑遗址的加固试验》，《敦煌研究》1997 年第 3 期。

［4］庞正智《加固交河古代遗址裂缝——化学法处理遗址土试验》，《文物》1997 年第 11 期。

［5］李最雄等《古代土建筑遗址保护加固研究的新进展》，《敦煌研究》1997 年第 4 期。

［6］张耕海《沣西车马坑的化学保护》，《文博》1992 年第 4 期。

［7］杨予川《应用 PS 材料对三门峡虢国墓地车马坑的加固保护》，《敦煌研究》1997 年第 3 期。

［8］李最雄等《秦俑坑土遗址的加固试验》，《敦煌研究》1998 年第 4 期。

［9］孙儒间《莫高窟石窟加固工程的回顾》，《敦煌研究》1994 年第 2 期。

［10］余鸣谦《甘肃天水麦积山石窟加固工程总结撮要》1984 年，转引自黄克忠《岩土文物建筑的保护》，中国建筑工业出版社 1998 年版。

［11］李最雄等《榆林窟东崖的岩体裂隙灌浆及其效果的人工地震检测》，《敦煌研究》1994 年第 2 期。

［12］李最雄等《莫高窟崖顶的化学固沙实验》，《敦煌研究》1993 年第 1 期。

［13］汪万福等《莫高窟崖顶植物固沙试验研究》，《敦煌研究》1996 年第 3 期。

［14］方云等《大足北山石刻区渗水病害成因分析及防治对策》，《文物保护与环境地质》，中国地质大学出版社 1992 年版。

[15] 克里斯托夫《中国云冈石窟中悬浮颗粒沉降的控制》，1995年，转引自黄克忠《岩土文物建筑的保护》，中国建筑工业出版社1998年版。

[16] 水电部成都勘测设计院《王建墓修葺设计咨询说明》，1988年（工程报告）；曾中懋《王建墓防渗、排水和通风工程及其稳定性的研究》，《文物保护与考古学科学》1996年8卷2期。

[17] 中国文物研究所《南越王墓加固工程设计说明书》，1990年，转引自黄克忠《岩土文物建筑的保护》，中国建筑工业出版社1998年版。

[18] 胡继高《敦煌莫高窟壁画修复加固工作的检讨和展望》，《文物保护和考古科学》1989年1卷2期。

[19] 上海博物馆科学实验室《保护青铜器的一种新方法——关于苯并三氮唑保护青铜器的试验及应用》，《考古》1975年第3期。

[20] 安徽省博物馆文物保护科研室《用局部电蚀法去除青铜器"粉状锈"的试验报告》，《考古》1982年第1期。

[21] 李兴福等《腐蚀青铜器的保护——青铜缓蚀剂的复配研究》，《考古》1992年第8期。

[22] 肖进新等《青铜文物的综合保护方法》，《文物》1992年第7期。

[23] 任彩元等《铜合金文物的保护》，《文博》1993年第5期。

[24] 李荃等《对激光清除青铜器粉状锈技术的分析和探讨》，《文物保护与考古科学》1990年2卷1期。

[25] 张欣如《关于出土的铁器保养问题》，《考古》1960年第6期。

[26] 郑雨锦等《关于质地松脆铁器的保养问题——介绍聚苯乙烯加固铁器的方法》，《考古》1962年第2期。

[27] 张欣如《试谈出土铁器的防腐和加固》，《文物》1981年第12期。

[28] 辽宁省文物考古研究所等《辽宁北票市喇嘛洞鲜卑贵族墓地出土铁器的保护处理及初步研究》，《考古》1998年第12期。

[29] 祝鸿范《银器处理的一种新方法》，《文物保护与考古科学》1990年2卷2期。

[30] 任彩元等《银器保护初探》，《文博》1989年第1期。

[31] 徐毓明《古代饱水木器的漆器处理方法综述》，《考古与文物》1983年第3期。

[32] 湖北省博物馆实验室《古代竹简的脱水处理——关于用乙醇—乙醚法脱水处理古代竹简的试验及应用》，《考古》1976年第4期。

[33] 张岚《南宋戗金细钩填漆长方盒的脱水保护》，《考古》1996年第7期。

［34］湖北省荆州地区博物馆实验室《用真空加热干燥法对古代漆、木、竹器脱水处理的实验》，《考古》1979 年第 6 期。

［35］陈进良等《河南信阳长台关出土的饱水漆木器脱水定型研究报告》，《文物保护与考古科学》1994 年 6 卷 2 期。

［36］胡继高《用冷冻真空升华技术对出土漆器脱水》，《文物》1998 年第 11 期。

［37］陈元生等《文物的虫害及其防治》，《上海博物馆集刊》第 4 期。

［38］上海博物馆生物化学组《中药防霉剂的抗霉菌活性研究及其应用》，《上海博物馆集刊》第 3 期。

［39］周宝中等《铅丹防蠹纸的研究》，《中国历史博物馆馆刊》总 2 期。

［40］奚三彩等《两面文字脆弱纸质文物保护的丝网热压加固法》，《文物保护与考古科学》1989 年 1 卷 1 期。

［41］龚德才等《派拉纶成膜技术在文物及图书保护中的应用研究》，《文物保护与考古科学》1996 年 8 卷 1 期。

［42］王勉等《纸张 DEZ 气相脱酸应用研究》，《文物保护与考古科学》1993 年 5 卷 2 期。

［43］陈国安《马王堆汉墓出土印花敷彩织物的加固试验与保护处理》，《文物》1990 年第 11 期。

七

模拟考古技术的兴起和发展

　　模拟考古技术是隶属于考古学的一种现代研究手段。它把现代模拟实验技术的理论、方法和手段融入考古研究，并借助文献记载和民族学等方面提供的线索，尽可能客观地重现古代人类社会生活的场景。

　　模拟考古技术的应用范围相当广泛，不仅包括陶、石、骨、木等各种考古遗物的仿制，还包括房屋、炼炉、墓葬等各类考古遗迹的复原。当然，模拟考古并非只停留在对实物遗存构造的复制和复原上，更需要对其使用功能进行深入的研究。作为自然科学技术与考古学相结合的产物，模拟考古技术在探讨实物遗存的形态、结构、用途以及制作技术等方面发挥着特殊的作用。尤其在识别考古遗物和遗迹的用途时，除了主要依靠对遗存本身的观察以外，还须经过模拟试验来佐证。当然对于考古遗存的研究，无论是从形态分析的角度进行，还是从制作技术、功能确定的角度进行，其目的都在于尽可能如实地去认识和理解古代人们的种种行为。从这个意义上说，模拟试验也是研究古文化的一种手段。

（一）遗物的复制与制作工艺探讨

　　古物的复制虽可上溯于 19 世纪，但大多是古董商和古玩收藏者出于好奇心，其目的也多为出售而制作，故为当时的人们所鄙弃。20 世纪 50 年代以来，考古工作者用与遗址中发现的陶、木漆、金属、丝绸等质地遗物的相同材料制成同样的器物，并通过模型和模拟实验来探讨各种遗物的制作方法与技术，才使模拟技术真正在考古研究领域中起到科学的作用。随着模拟考古技术的发展，制作考古模型的材料亦发生了明显的变化。20 世纪 50 至 60 年代，一般使用石膏、木材、塑料和金属等传统材料。20 世纪 80 年代开始，硅橡胶和玻璃钢等新型材料逐渐开始替代传统材料。新型材料的采用，使考古模型的整体效果更加完美、更加逼真，同时节省了大量的人力、财力和物力。

1. 陶器的仿制与制陶

20 世纪 60 年代初期，为了进一步了解黄河流域新石器时代和殷周时代的制陶工艺，周仁、李家治等学者根据各地民间制陶工艺的调查资料，对陶器的成型、施纹、烧成等工序进行了一系列模仿试验。在对龙山文化黑陶的仿制研究中，他们最初是用鹅卵石摩擦和打蜡上光的方法，虽然获得了通体墨黑外壁光亮如釉的黑陶，可是古代黑陶的加热失重曲线上并没有出现蜡峰的情况。后来在山东日照地区民间制造黑陶经验的启发下，采用先在半干的坯体上打磨光滑然后再进行渗碳的方法，仿制出了表面墨黑且有光泽的黑陶。其外观特征与龙山文化的薄胎黑陶十分相似，从而说明古代黑陶不是用烧后打磨加打蜡的方法，而是用山东日照地区民间的传统方法来获得光泽的[1]。这种模拟试验的方法，为研究中国古代的制陶工艺开辟了一条新路。

20 世纪 80 年代以来，中国历史博物馆的李文杰采用考察实物与模拟实验相结合的方法，以仿制成品或半成品的形式，对秦汉以前的制陶工艺进行研究。他一共考察了十余处文化（地点）遗存，时代上起新石器时代早期，下至秦汉，地域上包括黄河和长江两大流域地区，大体勾画出我国秦汉以前的制陶技术发展过程的轮廓[2]。其中城背溪文化陶器的模拟制作证明，在长江流域制陶工艺发展过程中的确存在一个以泥片贴筑法作为主要成型方法的阶段，从城背溪文化中有少量形制复杂的器物开始采用泥条筑成法的情况来看，泥片贴筑法是泥条筑成法的前身之一。大溪文化渗碳陶器的模拟实验表明，在陶器上渗碳，确实具有"使液体不易渗透"的作用。大溪文化流行的这种外红内黑渗碳陶器，既保持了外表美观，又坚固耐用，体现了美观与实用的统一，在当时条件下以这样的陶器作为饮食器和汲水器具是比较理想的，这应是大溪文化的陶器长期流行外红内黑作风的主要原因。山西天马—曲村周代居址、墓葬陶器的实物观察和仿制实验显示，该遗址的陶器在坯体成型工艺中有多种作法从西周一直延续到春秋晚期而未见明显的变化，其制陶工艺基本处于轮制技术的低潮阶段，当与长期保持周族固有的传统制陶技艺有关。天马—曲村墓葬出土的分裆鬲，从外形上看近似殷墟出土的分裆鬲，但它在成型工艺上是先合拢成联裆，再用陶垫作依托，用绕绳圆棍进行滚压的方法加工成分裆鬲，其制作过程经过了从泥筒→联裆鬲→分裆鬲的工艺流程。殷墟的分裆鬲则是三个袋足分别模制成型，然后拼接在一起成为分裆鬲。因此天马—曲村的分裆鬲是周文化系统联裆鬲的变体，本质上区别于商文化系统的分裆鬲。

显然，出土器物上的痕迹和现象是研究古代制陶工艺最可靠的直接证据，在观察实物的前提下，以模拟实验作为验证古代制陶工艺的手段，无疑使陶器的研究建立在科学的基础上。

2. 铜器的复制与试铸

20 世纪 70 年代末，为了研究商代青铜器的铸造工艺，由中国科学院自然科学史研究所、中国社会科学院考古研究所和郑州机械研究所联合组成的青铜器复原试铸组，对殷墟妇好墓出土的具有代表性的鼎、瓿等器物进行了复原和试铸研究。试铸组从司母辛方鼎等典型器物的铸造工艺剖析入手，结合文献资料、冶铸遗址及其他出土实物，通过复原试铸和使用现代科技检测手段，对妇好墓青铜器群铸造的各个环节和技术特点作了全面的探讨。试验中的制范泥料，选用从侯马春秋铸铜遗址范围内地表下 8 米处取出的两种泥；模、范、芯的制作，参考青铜器底部的铸缝痕迹和安阳苗圃北地出土的陶范的结构来确定；铜料的配比，参照商代青铜器的化学成分，选定锡、铅的含量在 15% ~ 20% 的范围内[3]。试铸结果表明，商代的青铜冶铸技术在武丁时期已臻于成熟，具有很高的技艺水平；各类器件铸造工艺的规范化，说明青铜器的分铸法不是春秋时期才出现的，而是在小屯时期已具有多种形式。正是由于分铸法的普遍和娴熟的应用，才使殷商的青铜铸造达到了高峰。妇好墓青铜器的复原试铸，揭示了殷商鼎盛时期青铜器铸造技术的奥秘，在我国冶铸史的研究上是有重要意义的。

在借鉴殷墟青铜器试铸经验的基础上，湖北省博物馆与有关部门组成的曾侯乙编钟复制研究组对湖北随州曾侯乙墓出土的编钟进行了复制。复制方法选用以器为模的做法，首次采用国产室温固化硅橡胶作为复制材料。他们在硅橡胶中添加碱性填料，使硅胶强度提高，收缩率减低，翻制的模具精度好，花纹清晰，能够适合熔模精密铸造的要求。经过陶范铸造、传统失蜡法铸造和熔模精密铸造等多种工艺方法的反复实践，终于铸造出了形似声亦似的编钟[4]。在已发现的古代编钟中，以曾侯乙墓出土的编钟数量、组别最多，重量最大，铸作最精美，音律也最完备。曾侯乙编钟的复制工艺，在一定程度上对文物复制具有普遍性的意义，尤其是硅橡胶的采用，为金属和非金属文物的复制提供了一项新的适用的技术。

1980 年考古工作者在陕西临潼秦始皇陵的西侧发掘出两乘铜车马（图二六）。秦始皇陵铜车马以其逼真的造型、华美的装饰、精湛的工艺和完整的系架关系，被誉为“青铜之冠”。为了陈列展览的需要，秦始皇兵马俑博物馆与有关机构协作，共同复制了秦始皇陵出土的两乘铜车马。根据标本检测和金相分析的结果，两乘车的车盖均系一次铸造成型，其制作工艺代表着当时最先进的水平。因而复制时采用整体薄壁石膏型腔的铸造工艺，先后对石膏型铸造方法中当时砂膏比、模壳模芯强度、焙烧温度进行了一系列实验和优化选择，对蜡种、铸造用料也作了筛选比较，从而提高了铸件的成型系数，解决了长期以来复制大型青铜器不能一次整体铸造的难题[5]。整个复制工作是在尽量采用原制作工艺，完全忠实原车制结构和系架关系的原则下完成的。在保证外观与原物完全相同的条件下，利用一些铜材经机械加工成型来代替一部分铸件，装配工艺上也是使用螺纹连接组装代替原物二次热装的结构设计，从而探索出一套青铜制品的复制工艺（图二七、二八）。

在我国已发现的汉代铜镜中，有的铜镜表面含有一层富锡“黑漆古”，具有良好的抗腐蚀性能，至今仍乌黑发亮。关于这种“黑漆古”的形成机理存在着两种可能性：一种是由于浇注过程中发生反偏析，锡从内部析出来；另一种则是外加锡所致。中国科技大学通过模拟试验的方法对于“黑漆古”形成

图二六　陕西临潼秦始皇陵铜车马出土原状

图二七　修复后的 1 号铜车马

图二八　修复后的 2 号铜车马

的机理进行了验证。青铜镜为 Cu – Su – Pb 的合金，他们从文献提供的大量古铜镜成分统计分布的规律中，选取以 70% Cu、25% Sn 和 5% Pb 作为模拟试验铜镜的成分，并采用古人最普遍使用的泥范模印法作为模拟铜镜的造型方法。模拟实验和电镜扫描等测试结果表明，通过"锡汞齐"法可获得"黑漆古"镀层，"黑漆古"形成的机理完全是古人有意识外镀的结果，并非铸造时反偏析所造成的[6]。

按照古代青铜器的成分、结构和工艺特征仿制的各类青铜制品，在探讨青铜器的防腐机理等文物保护方面亦发挥着重要的作用。

3. 木漆器的复制与构造

考古发掘出土的木、漆器，大都腐朽变形，甚至化为尘土。运用模拟复原的方法，可以再现这类珍贵文物的风貌。

关于古代车子的结构，清代学者曾据文献的记载作过详细考证，有的还绘出了图解。20 世纪 30 年代，王振铎曾参照《宋史》等文献的记述，复制出两辆古车的模型[7]。尽管当时苦于载籍记述过于简单，又无实物可资借鉴，但他的研究在学术界产生了很大的影响。1950 年以郭宝钧、夏鼐为代表的我国老一辈考古学家在河南辉县战国墓地的车马坑内，完整地剔剥出木质车子的痕迹，并根据实际测量和相关的资料制成复原模型[8]。这一古车模型的复制，形象地再现了化为尘土的战国木车的结构特征，为古代车子的复原研究提供了珍贵的实物标本。后来河南安阳、三门峡和陕西长安以及山西临猗等地车马坑的发掘和古车子结构的复原，都是参照辉县的做法完成的。

20 世纪 50 年代后期，在河南信阳长台关楚墓地发现了大量的木漆器。因墓室遭到扰乱，出土的木漆器多数残破。面对凌乱的木块，考古工作者采取缀合和复制模型的方法，复原出大型木瑟、小锦瑟、鼓、编钟架等遗物，从而得以看清它们的原貌[9]。袁荃猷等学者经过对河南信阳长台关1号墓和2号墓出土的伏虎座鼓的复原研究，终于搞清了这种虎座鼓的造型与结构特征[10]。

20世纪60年代初，云南晋宁石寨山墓群出土了一批漆器。因土坑墓的填土直接接触随葬品，出土时漆器都变成了灰土。幸好这些漆器上都有金属附件，把漆器化成的灰土扶持起来，保持着漆器的部分形状，使考古工作者能够从残存的部分形状，推测得出各器物原来的整体形制，并据此复制出银花银箍漆奁、铜角铜足漆案、铜耳杯和铜边漆盘等[11]。

20世纪80年代初，北京琉璃河西周燕国墓地发掘出许多漆器。由于地下水与盐类的侵蚀，这批漆器的胎质大多腐朽殆尽，仅存漆皮，无法采用传统的缀合方法复原。为了重现这批漆器的原貌，采取了依图复制的方式，即根据尚存的漆皮和镶嵌物所保存的现状，应用一定的复原原理求出其原形，绘成能够表现出漆器形状、纹饰及色泽的复原图，再依图制成实物[12]。在复原过程中，可选择其他一些同期器物作为参考，但无论是器形复原，还是纹样复原，都是以漆器自身反映为据。运用这种复原的方法，已成功地复制了觚、豆等西周的漆器。

20世纪80年代后期，在湖北荆门包山楚墓群的发掘中也发现了许多木漆器，仅2号墓出土的木漆器就多达上百件。其中有一折叠床，出土时床架或侧置，或倒置，床栏多散乱不堪。考古工作者将其托取运回室内后，经仔细研究，按各部件的原大做成复制件，然后用复制件进行拼对复原。根据复原研究的结果,折叠床由床身、床栏、床屉三部分组成。折叠的方法是先将四根横撑往上取下,后将带钩形钉的中撑稍往上,使钩形钉脱出[13]。这种构思巧妙、设计合理的木漆器,最终通过复制件得以复见。

4. 骨器的仿制与使用

1987 至 1988 年,在宁夏海原菜园村林子梁新石器时代遗址的发掘中,出土了大量用兽骨磨制成的骨器,仅制作精细的骨针就有二十枚。为了研究这批骨针的原料、制作工具和加工技术,考古工作者进行了模拟试验。模拟试验的第一步是制作工具。经过比较,选用了遗址内出土的先民打制石器的废石片,即黑色和绿色石英石打制成的石片和石锥,具有锋利的刃和尖。模拟试验的第二步是选取骨料。由试验得知,制作骨针所用的骨料必须是骨壁厚、质地坚硬致密且有韧性者,而壮年(4 至 8 岁)牛的肢骨属于上乘骨料。只有采用上乘骨料才有可能制成细长、光滑、尖锐、富有穿透力的骨针[14]。模拟实验证实,骨针的制作工艺主要有三道工序:一是将骨料砸成骨片,二是把骨片磨成针,三是在针鼻部位上穿孔。穿孔是最后一道工序,也是最难的一道工序。该遗址出土的骨针针孔,有圆形和椭圆形两种,前者是钻成的,后者则是拉成的。

1983 年在辽宁海城小孤山旧石器时代遗址,发现了一批骨、角制品,其中鱼镖头是已知我国最早的捕鱼工具。北京大学考古学系利用模拟技术,对该遗址出土的鱼镖头和骨针进行了复制和使用研究。通过显微镜观察,判知这些骨角器是用锯切、刮和磨的方法制造的。鱼镖头的复制是先用锯切的方法截取角料,制作倒钩、正钩和三角形突起,做出雏形后再用刮的方法进行细部加工整修,最后将尖和尾部磨出锐尖和利刃。骨针的复制，采用锯、刮、磨和钻孔四种方法，整个工艺过程包括选材、截料、刮磨成型和加工针眼四个步骤。复制所使用的工具，是从石英石和燧石块上打下的适用石片。他们还分别用仿制的鱼镖头与骨针进行了叉鱼和缝纫实验[15]。叉鱼的实验表明，鹿角密致骨较厚，质地坚硬且富有韧性，是制作鱼镖头的理想材料，而小孤山遗址的鱼镖头是有效的叉鱼工具，可以叉捕到体长 65 厘米的大鱼。缝纫的实验说明，骨针不能刺穿斑鹿等大型动物的厚毛皮，但野兔等小型动物的薄毛皮，用手搓软后，骨针能将其缝合在一起制成衣物。

另外，中国社会科学院考古研究所通过对商代甲骨契刻方法的模拟实验，探讨了骨料是否经过刻前处理、刀具的硬度和类型以及刻划顺序与刀法等问题，获取了研究甲骨契刻技艺的第一手资料[16]。

尽管骨角器的仿制研究尚不多见，但为揭开远古时期骨角器制作和使用功能的奥秘，提供了有益的启示。

5. 丝织品的复制与加工

20 世纪 80 年代后期，由苏州丝绸博物馆和中国历史博物馆组成的古丝绸文物复制研究组，经过多次试验，成功地进行了多件珍贵丝织文物的复制。其中商代的素帛是铜片上粘附的残片，战国中期的舞人动物锦是已出土的紧度最大、技术水平最高的"楚锦"，西汉的绀地绛红纹锦也是已发现的经密最高的汉锦。复制组根据对原件测定的精确数据，模仿文献记载的古代缫丝方法和织造工艺，尽量使用传统工艺手工木织机来复制，并采用土法缫丝及古法整经，还将古代炼、染技术运用到古丝绸复制的实践中。商代的素帛便是采用草木灰水捣练和漂洗，东汉的延年益寿大宜子孙锦中的棕红色也是用植物染料苏木染成的[17]。古丝织品的复制，使数千年前埋藏在地下的破损、炭化、变色的丝绸文物得以重见光明。现在，各地的博物馆普遍使用复制品替代真品陈列展示，不仅对我国珍贵的丝绸文物起到了很好的保护作用，而且总结出缂丝、炼染、织造等一整套纺织工艺技术。

复制技术还被广泛应用于玉石、皮革、金属等多种出土遗物的结构特征和制作工艺方面的探讨，大量青铜器、铁器、玉器、石器、骨器及漆木器的复制标本，为考古学研究提供了特殊的实物资料。另外，根据人体解剖的原理，还可以对考古遗存中出土的人骨进行复原研究。

（二）遗迹的复原与营造技术探讨

考古遗迹与遗物具有同样重要的历史价值和学术价值。遗迹与遗物不同的是，一般不可能将整个遗迹都搬到博物馆里去，更不能像遗物标本那样可以在室内随时从容地对照实物进行研究。对于考古遗迹的永久保存，最好是就地修建遗迹博物馆将其原状保护、陈列出来。可是由于财力和人力等多方面的限制，不可能对所有的遗迹都进行现场处理和保护。长期以来对于发掘后的考古遗迹，大都只能采取用回填土覆盖起来的消极保护方式，使人无法看见遗迹的位置和形状。利用实测数据和有关资料将考古中发现的重要遗迹制成复原图与复原模型，或采用仿古工具与方法重现古代遗迹的奇观，不仅是保存资料的一种极好形式，还会给人一种身临其境的特殊感受。考古遗迹复原本身，实际上是对遗迹营造技术的一次具体实践，也是对遗迹长期研究工作的一次综合检验。

1. 建筑遗迹的复原

新中国成立前因缺乏实例，对于古代建筑遗迹的构造特点、演变情况、消失原因等问题，一直未能进行深入探讨。新中国成立后，随着考古工作的蓬勃发展，发现了各个时期不同性质的建筑遗址，积累了丰富的实物资料。

20 世纪 50 至 60 年代，在考古发掘的基础上，主要利用壁画、卷轴画和史籍中的相关记载，对汉长安城南郊礼制建筑和唐长安大明宫含元殿、麟德殿、玄武门及重玄门等汉唐时期的建筑遗迹，进行了比较全面的探讨，并复原出它们的具体形制和构造。唐大明宫玄武门及重玄门的复原，就是将《营造法式》记载的城门构件名称和尺寸，与敦煌壁画和《清明上河图》、《中兴祯应图》等宋元绘画中城门、城楼的形象互相参照试做而成的[18]。从建筑结构和营造技术方面来说，汉唐建筑遗迹的复原，有助于了解中国古代建筑如何由汉代的古朴风格和木构与夯土结合的结构方法，转变成宋代的程式化和主要用木构的结构方法。

20 世纪 70 年代以来，在忠实于遗迹现象的前提下，着重运用文献资料和民族学的有关材料，对河姆渡文化水井、半坡遗址仰韶文化房屋、二里头文化宫室、盘龙城商代宫殿、西周岐邑建筑址等先秦时代建筑遗迹进行了复原研究。半坡遗址房屋的复原，便是根据柱洞痕迹复原出立柱的直径尺寸；参考《考工记》所总结的"葺屋参分，瓦屋四分"的经验，求得中心柱自室外地平以上的高度；仿照我国云南少数民族和美洲印第安人的房屋结构，来确定屋顶构架和排烟方式[19]。从屋架的结构和营建技术上看，半坡一类在竖穴之上构筑顶盖的半穴居式居住形式，应是我国土木合构的建筑始祖。当屋架发展到可以不依赖竖穴而独立构成足够的使用空间的程度时，房屋的居住面便开始上升到地面，因而出现了承重的木骨泥墙。直立的墙体，倾斜的屋顶，奠定了后世建筑的基本形体。商代高大殿堂的出现，更是促进了承檐技术的发展，开创了我国"四阿重屋"式主体殿堂的先河。

中国历史博物馆、山西省古代建筑研究所等单位根据文献记载和实物档案资料，以制作模型的方式，对地上古建筑的结构进行了比较系统的研究。仅从中国文物研究所收藏的一批古代建筑模型来看，内容有斗拱、梁架、牌坊、殿堂、桥梁等，时代上自唐宋时期、下至明清时代。其中包括五台山文殊殿和南禅寺大殿、天津独乐寺观音阁、山西永乐宫重阳殿等著名的古建筑模型。中国社会科学院考古研究所主要依据考古发掘资料，先后制作了河南偃师商城4号宫殿基址、河北三台东魏北齐窑址、广东虎门炮台兵营遗址和辽宁绥中秦宫遗址建筑基址等地下重要遗迹的模型。这些模型完全是按照一定的比例制作的，从某种意义上讲，它们具备与实物同等的学术研究价值。

2. 冶炼遗迹的复原

冶炼金属离不开熔炼炉。据考古发现，迟至西周时期我国已出现了原始炼炉。20世纪70年代洛阳北窑西周铸铜遗址内出土了数以千计的熔炉壁的残块。经粘对复原可知，炉体由数节炉圈组成。炉圈呈圆形，每节约高30厘米，上下缘都有三角形卯榫数枚，用来严密扣合。炉圈系采用泥条盘筑法制作的，材料为黏土、砂粒及稻草秸的混合料。在残存的半圈炉身上，还发现了三处残缺的鼓风口，说明当时已经使用了鼓风设备，这是已知我国最早的鼓风竖炉[20]。

1976至1980年在湖北大冶铜绿山古矿冶遗址先后发现了

十座东周时期炼铜竖炉。经复原，炼炉由炉基、炉缸、金门及风口几部分组成。炉基底部设"T"字形风沟，上面架设炉缸。炉缸的截面以椭圆形为主，个别为长方形，长轴70厘米，短轴40厘米。从倒塌的炉壁估计，炉身的高度为 1.2～1.5 米[21]。这种立在地上的炼铜竖炉，为后世炼铁高炉的发展奠定了坚实的基础。

在河南巩县生铁沟、郑州古荥、南阳北关瓦房庄等处汉代冶铁遗址都发现了高炉遗迹。其中生铁沟遗址的八座炉，除二座为方形外，其余六座均为圆形和椭圆形，内径 1～2 米。根据炉的构造和炉内残留的炉渣获知，有的炉是专门生产块炼铁的，有的炉是用于生铁炒炼熟铁的，有的炉则是用于生铁再熔浇铸铁器的[22]。不同类型炼炉的出现，说明当时在冶炼、熔化、炒锻等方面已有了分工。古荥遗址的二座炉均为椭圆形，内径 2～4 米。炉体呈馒头状，两侧有鼓风口，有效容积约50立方米，估计日产生铁 1 吨左右，这是已发现的两千年前世界上最大的炼铁炉。河南省博物馆与自然科学史研究所等单位的有关学者，在对遗址作科学考察的基础上，复原了古荥1号高炉和北关瓦房庄熔炉，并对汉代的炼铁技术、铸铁技术和铸铁柔化和生铁制钢技术进行了系统的探讨[23]。

为了探索东周时期炼铜竖炉的性能及古代炼铜生产的条件和冶铁工艺方面的一些问题，中国社会科学院考古研究所铜绿山工作队在发掘现场附近，根据古炼炉的形制与结构复原出两座实验炉，作了一次仿古炼铜的模拟试验[24]。两座实验炉在结构上略有差别，如 1 号炉的风沟为"一"字形，炉缸截面为圆形；2 号炉的风沟设置成"T"字形，炉缸截面为长方形。筑炉过程中为了确保炉缸、金门和风沟等部位的形制与古代炼炉一致，先用竹、木等材料按古炼炉有关部位的尺寸做成模具，筑入炉体的相应部位。同时考虑到古代工匠筑炉时使用的工具情况，在筑砌实验炉的过程中都使用木槌、木夯锤等粗笨的工具和比较简单的手工方法。实验炉所用的原料，如红色黏土、耐火材料（高岭土、石英石）和炉基部分铺垫的石块等，不仅取自当地，并力求在石材的质料、耐火材料的配比等方面都与古炉的用材及配比情况保持一致或接近。两个实验炉的冶炼过程是分别在晴天无风和阴雨天微风的不同条件下进行的。矿石也分别以含铜品位高低不同的原料，先后投入炉内。实验证明古代工匠使用这种炼铜竖炉用木炭冶炼时应是采用氧化矿的还原法熔炼。使用这种竖炉冶铜，保证足够的风压和风量是必要的。风沟的设置是古代工匠的一条重要经验，它对保持炉缸中的温度，防止缸底冻结起到了一定的功效。这次模拟试验，为了解当时的炼炉构造及其冶铸的工艺过程和冶炼水平，提供了比较直观、可信的依据。

3. 悬棺升置的模拟

在我国长江流域及其以南的广大地区，分布着将盛殓尸骨的棺木安葬于悬崖峭壁之上的奇特葬俗。这种悬棺葬的置棺方式，往往因地制宜，或置于峭壁上的天然洞穴和裂隙里，或安放于人工开凿的洞穴中，或是在绝壁上打入木桩以栈桩的形式置放。关于悬棺的升置技术，据考证，大致有提升法（利用原始起重机等提升工具实现升置）、栈升法（利用栈道来升置悬棺）、堆土法（在葬位下堆土，将棺木送达葬位）、脚手架法（在崖壁前搭建脚手架来运送棺木）、搬运法（主要通过人力直接将棺木送达葬位）、涨水法（利用涨水水位很高的时机，用船将棺木送达葬位）等。

　　同济大学、江西省文博系统及美国加州大学圣地亚分校的研究人员通力合作，在对各种升置说法充分论证的前提下，根据考古发现的滑车、绞车等提升工具，设想了十余种可能的方案，在实验室中利用自制的模型，从工作原理、升置工具、运动关系等方面对这些方案进行试验和比较。经试验分析，其中方案 7（崖洞上方吊挂滑轮，崖底固定绞车）、8（崖顶上方吊挂滑轮，人力吊起棺木）、9（崖洞上方及崖底各挂一滑轮，崖底固定绞车）、10（崖洞上方吊挂一滑轮，崖底固定一滑轮，人力吊起棺木）中的提升法适用性较强，在赣、闽、浙、湘、川、滇地区都可采用[25]。

　　在室内模拟试验的基础上，经过反复论证，最终选定在江西贵溪县龙虎山仙水岩实施现场吊装试验。吊装所用的悬棺是1979 年考古发掘时从龙虎山崖墓群取下的原物，年代为春秋战国时期。提升系统由滑轮、绞车及绳索组成，升置的方法采用方案 7。1989 年 6 月 13 日，在当地五位药农的协作下，将一具棺木成功地吊入悬崖上的洞穴中，再现了两千年前升置悬棺的壮观场面[26]。这项升置技术模拟的研究，从理论和实践上为解开千古之谜作了一次成功的尝试。

　　模拟技术还被用于石器的微痕研究以及造纸、印刷、指南针等古代发明的验证。比如，石器的微痕研究就是采用实验的方法，按照所能想象出的古人使用工具的方式进行模拟使用，通过显微镜观察使用的痕迹，记录并绘出不同的使用方式所产生的不同使用痕迹以及加工不同对象所产生的不同使用痕迹，从而建立起一个对比的标尺，然后运用"逆类推"的方法，参照对比的标尺，对发掘出的古代生产工具——石器进行研究。这类模拟实验，或以出土的遗迹和遗物为模特，或参照文献中记载的制作工序和我国现存的民间手工技术，对于深入理解古代的科学成就，无疑提供了系统、直观的范例。当然，事物是复杂多变的，考古模拟实验的结论未必与历史情况完全符合。但是在大多数情况下，它较过去那种传统的考证和推理方法要更加科学，更加令人信服。随着科学技术的发展，模拟技术在考古学领域中的应用将会越来越广泛。

注　释

［1］周仁等《我国黄河流域新石器时代和殷周时代制陶工艺的科学总结》，《考古学报》1964 年第 1 期。

［2］李文杰《中国古代制陶工艺研究》，科学出版社 1996 年版。

［3］冯富根等《商代青铜器试铸简报》，《考古》1980 年第 1 期。华觉明等《妇好墓青铜器群铸造技术的研究》，《考古学集刊》（一），中国社会科学出版社 1981 年版。

［4］曾侯乙编钟复制研究组《曾侯乙编钟复制研究中的科学技术工作》，《文物》1983 年第 8 期。

［5］秦始皇兵马俑博物馆《秦始皇陵铜车马修复报告》，文物出版社 1998 年版。

［6］中国科学技术大学《模拟"黑漆古"铜镜试验研究》，《考古》1987 年第 2 期。

［7］中国社会科学院考古研究所《科技考古论丛》，文物出版社 1989 年版。

［8］中国科学院考古研究所《辉县发掘报告》，科学出版社 1956 年版。

［9］陈大章等《复制信阳楚墓出土木漆器模型的体会》，《文物》1958 年第 1 期。

［10］袁荃猷《关于信阳楚墓虎座鼓的复原问题》，《文物》1963 年第 2 期。

［11］李家瑞《云南晋宁石寨山古墓出土的漆器复原》，《文物》1964 年第 12 期。

［12］郭义孚《北京琉璃河西周燕国墓地出土漆器复原研究》，《华夏考古》1991 年第 2 期。

［13］湖北省荆沙铁路考古队《包山楚墓》，文物出版社 1991 年版。

［14］李文杰《骨针的仿制——模拟考古实验纪实》，《文物天地》1990 年第 5 期。

[15] 黄蕴平《小孤山骨针的制作和使用研究》，《考古》1993 年第 3 期。吕遵谔《海城小孤山仙人洞鱼镖头的复制和使用研究》，《考古学报》1995 年第 1期。

[16] 赵铨、钟少林、白荣金《甲骨文契刻初探》，《考古》1982 年第 1 期。

[17] 古丝绸文物复制研究组《舞人动物锦等五件古丝绸文物科研复制技术报告》，《中国历史博物馆馆刊》总 17 期。

[18] 傅熹年《唐大明宫玄武门及重玄门复原研究》，《考古学报》1977 年第 2期。

[19] 杨鸿勋《仰韶文化居住建筑发展问题的探讨》，《考古学报》1975 年第 1期。

[20] 叶万松《我国西周前期铜铸造工艺之研究》，《考古》1984 年第 7 期。

[21] 黄石市博物馆《湖北铜绿山春秋时期炼铜遗址发掘简报》，《文物》1981 年第 8 期。中国社会科学院考古研究所铜绿山工作队《湖北铜绿山古铜矿再次发掘——东周炼铜铜炉的发掘和炼铜模拟实验》，《考古》1982 年第 1 期。

[22] 河南省博物馆等《河南汉代冶铁技术初探》，《考古学报》1978 年第 1 期。

[23] 刘云彩《古荥高炉复原的再研究》，《中原文物》1992 年第 3 期。

[24] 中国社会科学院考古研究所铜绿山工作队《湖北铜绿山古铜矿再次发掘——东周炼铜铜炉的发掘和炼铜模拟实验》，《考古》1982 年第 1 期。

[25] 高申兰等《关于悬棺升置方法的模型实验研究》，《江西文物》1991 年第 1期。

[26] 曲利平《贵溪悬棺吊装实施过程》，《江西文物》1991 年第 1 期。

八 计算机技术在考古学中的应用

　　20 世纪 70 年代，计算机技术突飞猛进的浪潮，几乎席卷着自然科学和社会科学的任何一个角落。考古学这门古老的传统学科，也毫不例外地受到计算机革命浪潮的洗礼。随着系统论、概率论、数理统计、模糊数学等新方法在考古学研究中的逐步应用和推广，计算机技术必将成为解决考古学中许多重要课题的广泛手段，考古学者迟早必须掌握这种工具。新中国五十年来积累的大量考古学资料，亟待考古学者从时空关系及整体研究的立场上对其做出去粗取精、去伪存真的定量化综合处理，而这种大信息量、大变量、高难度的信息处理是任何人力所难以企及的。在考古学中推广计算机技术，不仅是现代科技对考古学的要求，也是考古学自身发展的必然趋势。我国计算机技术在考古学领域中的应用大致体现在两个方面：考古信息的计算机管理和考古信息的计算机处理。

（一）考古信息的计算机管理

　　数据库是计算机对信息进行贮存和管理的一种最常用技术。用计算机的数据库来存取考古学信息，不仅速度快、效率高、贮量大，而且操作简便、复制力强、应用范围广。考古学的数据库，可以说是管理和贮存考古学信息的最佳方法，也是进行考古学研究的卓越工具。以考古学数据库作为信息之源，通过程序设计，可以建立各种不同的考古学信息系统。20世纪80年代以来，考古学直接利用了计算机成熟的数据库技术，建立了考古文献情报检索系统、博物馆藏品管理系统、地理信息管理系统，以及各种考古学资料的数据库等为数可观的文字与图像的管理系统。

1. 考古文献情报检索系统

20世纪80年代末期，湖南省文物考古研究所李科威等学者开发了"考古专业微机情报检索系统"。他们编制了包括主题词表和使用规则在内的考古情报检索语言，以现代情报检索技术中常用的主题词法为基础，建立起中国考古学文献情报的数据库，并编写了《中国考古主题词表》。该系统于20世纪90年代初完成，存储了《文物》、《考古》和《考古学报》三大杂志自创刊到当时（1988年）为止所发表的全部文章，每篇文章的检索途径最多可达二十一个，而且具有组合逻辑运算和索引号快速查找等多种检索功能[1]。但由于种种原因，至今利用这一系统的人还相当少。

20世纪90年代初，上海博物馆祝敬国等学者设计了"商周青铜器铭文语料库系统"。该系统是应用于历史考古领域的专业型语料库，语料范围为上自商周、下迄战国的流传有绪及科学发掘所得的青铜器上的重要铭文。作为铸金文字的起步系统，其重点放在最基本的字频统计和字索引方面。为了保证能够满足不同的字词、句段和篇章的各类处理要求，在系统的数据结构中设计了一个单字属性库和一个全文数据库，还结合了相应的铭文拓片图和器物图、纹饰图等多种信息[2]。由于该系统所使用的操作系统是在MS—DOS基础上修改而来的，所以仍然属于单任务的操作系统。

2. 博物馆藏品管理系统

1988 年，上海博物馆开发了"藏品编目图像管理系统"。该系统由一台微机和一台录像机连接组成，通过计算机存储藏品的名称、年代、尺寸、重量、级别、来源等文字信息，同时在录像带上记录各藏品的图像信息。该系统可以随时提供精确的藏品统计表数据和各类报表，在进行藏品检索时还可同步提供藏品的文字信息和八秒钟的动态影像信息[3]。

同年，中国历史博物馆开发出"激光视盘文物图像管理系统"。这一系统采用激光视盘作为存储图像信息的媒体，由于当时图像解压缩技术尚未普及，存储在光盘上的文物图像需要以激光视盘放像机作为输入设备，以电视机作为输出设备[4]。如果使用现在已经相当普及的计算机多媒体技术的话，该系统则完全可由一台多媒体计算机来实现所有的文字和图像信息的管理工作。

20 世纪 80 年代末至 90 年代初，故宫博物院、河南博物院、北京市文物局、陕西秦始皇兵马俑博物馆等单位都相继开发了关于藏品管理系统的软件程序和操作平台[5]。目前这些由各文物部门自行开发的计算机管理系统，因标准和性能不一，很难普及利用，重复的开发也造成了不必要的浪费。加强和规范全国博物馆数字化管理，势在必行。

1998 年底，国家文物局开通了《中国文物》网站，这是第一个在国际互联网上全面介绍我国文物、博物馆事业的综合站点[6]。据悉，国家文物局正在制定博物馆数字化建设的具体标准，作为数字化建设的一部分，博物馆的网络建设将会越来越受到国家及地方文物管理部门的重视。数字化时代的博物馆正在向我们招手。

3. 地理信息管理系统

地理信息管理系统是 20 世纪 60 至 70 年代迅速发展起来的一门新兴科技。它是专门用来管理和处理地理信息的数据库系统，可以把不同的地图进行叠加或分割，也可以进行图像信息、文字信息和数据信息之间的转换。考古学上应用这一系统，可以统计一定范围内某个时期或某种类型遗址的数目，量算遗址的面积、遗址与遗址以及遗址与周边水系、山谷、道路之间的距离；可以分析某一种遗物在遗址中的分布规律，或者是某些遗址在一个区域中的分布规律；还可以用于寻找和发现遗址，通过对某一区域已知遗址地形特征的分析，进而有目的地去寻找新的遗址。

1991 年我国第一幅《三维文物分布图》绘制完成，即由中国科学院科技专家和文物专家共同携手完成的《保定地区三维地形和文物分布图》。这张图就是在地理信息系统 GIS 的基础上用不同颜色和立体图形进行高程分布，从不同方向显示全区的地形和各个文物区的面貌[7]。

1998 年，在对河北阳原小长梁旧石器遗址的调查与发掘中，利用这一系统绘制出各层遗物分布的复合图，精确地反映了沉积动力与文化遗物分布的关系。

1996 年，河南省文物考古研究所与美国密苏里州州立大学人类学系联合对颍河上游地区进行聚落遗址的调查。调查中重点运用全球卫星定位仪比较准确地测定了二十五处遗址的地理位置、经纬度和海拔高度，并利用地理信息系统软件，综合处理各遗址的调查资料，用计算机绘制出了比较精确的各聚落遗址的彩色位置图和地形图，为今后确认各个聚落遗址在这一区域内的空间分布关系以及生态环境、社会组织和文化传统之间的发展关系奠定了基础[8]。

4. 考古学资料数据库

20世纪90年代初，陕西省文物管理部门开发研制了"文物普查资料微机管理系统"。该系统所管理的对象是全省文物普查资料中的四万张表格，在对具有代表性的宝鸡眉县文物普查表格进行成功的试点后，已经推广到全省，并取得了较好的效果[9]。

1993至1996年间，吉林大学考古学系滕铭予等学者开发了"中国三峡工程库区地下文物基本情况数据库系统"，在此基础上又开发了"中国地下文物基本情况数据库系统"。其中"中国地下文物基本情况数据库系统"的数据库共设计了58个字段，能够详细记录地下文物（遗址）的基本情况，适于对大批量的地下文物资料进行综合分析，尤其适于区域性的聚落考古和环境考古等方面的课题研究[10]。设计者一方面对中国考古学当前的实际情况有深入的研究调查，另一方面又对将来世界考古学发展趋势有认真的思考，在对大量考古信息进行科学的分类与筛选的基础上，提出了一套地下文物信息编码体系。这一体系的建立，不仅对我国文物信息管理的标准化和规范化起到推动作用，同时也为国际间的信息交流提供了条件。

1996年，王宝义等学者设计了"莫高窟保护档案数据库系统"。该系统采用Microsoft Access5.0数据库管理系统，在实验范围内实现了从档案内容的输入到输出，数据库内容的修改、增加、删减等全过程微机化科学管理[11]。通过输入五个洞窟档案、数据库系统的试运行，系统不仅能够方便地进行输入和修改数据库内容，同时能采用多种模式进行查询、检索，可以满足各类用户的使用要求。

罗宏杰等研究者在系统地归纳和整理各类古陶瓷化学组成数据的基础上，已经建成了中国第一个古陶瓷化学成分数据库[12]。

此外，由中国文物研究所开发的《全国不可移动文物的数据库系统》，以及由房迎山等学者设计的有关旧石器考古的数据库和相关应用软件也正在开发和试运行之中[13]。

（二）考古信息的计算机处理

计算机不仅可以对考古信息进行全方位的管理，还可以对其存储的信息进行智能化的技术处理，从中寻找出某些规律性的东西。由于各个方面的原因，关于这方面的探索尚处在个别问题的尝试阶段。例如，利用计算机进行卜甲碎片的缀合及对各种考古遗存进行不同层次的类型学研究等。

1. 卜甲碎片的缀合处理

由于甲骨质脆，出土时多已裂成碎片。在甲骨文的研究中，只有尽可能将这些记有卜辞的卜甲碎片缀合在一起，才能比较全面地了解卜辞的内容。1973 年，国外周逢祥等学者开始利用计算机进行卜甲的缀合，但结果只能做到对大致完整的大骨板进行缀合，缀合率不足 4%。1974 年四川大学童恩正等学者在改进其方法的基础上，利用计算机可以将每一块骨板 1/4 以上的碎片进行缀合[14]。因卜甲的形状与卜辞的走向等是有规律可循的，他们据此对卜甲拟定了若干限制条件，并分别用计算机进行数据化处理，从中寻找出最佳的拼缀方案。尽管其缀合的准确率仅可达 40% 左右，但这是我国最早把计算机处理技术应用于考古学领域的尝试。这种方法对于残碑、残简的拼缀处理，也将会有一定的启示作用。

2. 各种考古遗存的类型学研究

考古学中两类不同遗存之间，甚至同类遗存之间都存在着一些直接或间接的联系，这种联系往往反映的是一种文化与另一种文化或几种文化之间的相互关系。类型学就是研究考古遗存之间相互关系的重要方法之一。在利用类型学方法之际，通常需要注重一部分器物以及器物特征，而忽视另一部分器物以及器物特征，以达到对考古资料全面认识、整体概括的目的。以考古学资料的分期研究而言，往往是以几组典型器物组合或几种典型器物在不同发展阶段中质变环节上的特征为标准，通过判断其他组合或器物与其相似程度的高低，或依据与其共存关系的有无，揭示出彼此之间的相互关系，从而建立一个遗址、墓地或一个考古学文化的分期。当然由于类型学的研究主要是依靠研究者对研究对象直观的观察、分析和推理来实现的，对于典型器物组合、典型器物特征的取舍，难免会因研究者经验、水平、观察角度的不同而有所差异。为了避免这种主观因素所带来的局限性，同时又可以综合地处理更多的考古信息，于是考古学者对某些特定的算法和信息处理原理赋予了应有的注意，并尝试应用定量分析的手段解决考古类型学研究中的问题。正是由于数学方法在考古学研究中的运用，才把计算机技术引进考古学领域。关于这方面的实践，大致可归为两类：对遗物的分类研究和对遗存的分期研究。

（1）遗物的分类研究

主成分分析法是一种数理统计的方法。其基本的思想是把相互有着错综复杂关系的变量通过一定的计算后，在多变量中找出可反映变量绝大部分信息的几个主要因素，即主成分。其目的是用几个主成分变量替代原来较多的元素含量变量，使问题得到简单化，并使分析结果易于表达。陈铁梅等学者运用主成分分析法，对河南省二里头文化至人民公园期的十三件陶豆进行了分类研究。他们从陶豆的形态属性入手，首先把陶豆的六种形态属性分别加以数量化处理，然后对原始数据作某种数学上的变换。经过变换所得到的第一主成分和第二主成分，实际上已经包括了原始数据的绝大部分信息，将这两类主成分的值在二维空间上表现出来，就可以根据其分布的聚散情况对十三件陶豆进行分类[15]。但因为这些陶豆之间无论是时间跨度还是外部形态的差异都比较大，而且所采用的主成分分析法注重的是把研究对象用更直观、更形象的主成分表现出来，而不是揭示研究对象之间的相互关系，因此很难称之为完整的考古类型学研究[16]。

此外，在人种学的研究中应用数学方法和计算机处理的实例较多。如，有的学者利用颅骨测量性状的统计分析对中国人和日本人在人种上的关系进行研究[17]，有的学者运用对应分析法对安阳殷墟中小墓中的人骨进行人种学研究[18]，还有的学者应用聚类分析对中国新石器时代居民的体质类型进行研究[19]。不过，这些研究主要是依据已有的标准对照组的数据，对研究对象进行归属的判别和相关的分析，其着眼点在于比较与标准对照组的相似程度，与考古类型学的研究还存在着一定的距离。

（2）遗存的分期研究

概率是表示随机事件发生可能性多少的一个量，概率分析法就是研究随机事件量的规律性。朱乃诚曾运用概率分析法对陕西渭南史家墓地进行分期研究。他在确立该墓地早晚阶段两个极端组别的典型器物的前提下，通过对墓地所出土的各类器物分别与这两组典型器物的组合概率进行分析，确定各类器物的相对早晚关系，并在此基础上判定有器物随葬的各个墓葬间的相对关系和排序，从而实现对墓地的分期[20]。

聚类分析是通过一些数量化的指标把具有相近特征的个体聚合在一起，用最常用的方法计算出不同个体间的距离，再将相互距离接近的个体聚集成类。陈铁梅运用这种方法对陕西渭南史家墓地作了分期研究。他通过对筛选出的墓葬中典型器物有无的比较，排列出该墓地墓葬之间的距离系数矩阵，在此基础上进行聚类分析，并依据聚类分析的结果将这些墓葬分成不同的期和组[21]。

1951 年美国考古学者罗宾逊提出了考古数量类型学分析中著名的布林纳德——罗宾逊方案，即根据遗址间器物出现的比例建立一个相关系数矩阵，并找出一个排列次序，使相关系数矩阵中的数值符合一定的分布规律。CASA 系统（计算机考古年代序列分析系统的简称）就是依据这种原理设计的计算机程序。这一系统根据相似程度越高年代越近的假设，将类型学的序列排队问题转化为统计学问题，利用计算机反复计算由器物型式代表的不同考古单位诸因素间相关数值的大小，排定考古单位的前后序列，最后以矩阵图的形式给出分析结果。裴安平和李科威运用 CASA 系统对湖北江陵雨台山楚墓地中的陶器墓进行了年代序列分析。他们分别对随葬日用陶器和随葬陶礼器两类不同的墓葬作了多次分析，其结果不仅提出了整个墓地的分期，还提供了随葬器物不同的两类墓葬的各自排序[22]。

上述分析都是在原发掘报告对器物分型定式研究完成以

后才进行的。其分析结果势必以原作者对器物类型学的研究为前提，难免不受到原作者自身主观因素的影响而存在着一定的局限性。因此，这种分析成功的基础在于对原始资料所作的尽量客观和高质量的类型学研究。当然，不论概率分析、聚类分析，还是 CASA 系统分析，其所建立的序列只具有统计学上的逻辑性，不能直接提供任何考古学上的研究结论，更不能代替研究者对事物的认识。在考古学研究领域利用数学方法和计算机技术进行定量分析，只是对传统研究方法的一种补充，并不意味着全盘否定对考古资料进行直观、定性的分析。作为一种先进的技术手段和工具，计算机只是服从研究者的命令进行操作，对于运算结果的解释还需要研究者自己来完成。

　　计算机技术在我国考古学领域的应用还处于起步阶段，从总体上说尚无成熟的经验可供借鉴。要建立新的考古学理论，如建立不同地区、不同遗址出土的陶器的微量—微痕元素、岩相和同位素比值的基础数据库，并以此作为划分考古学文化区系类型的定量依据，显然不是在短时间能够实现的。由于种种原因，目前广大的考古工作者对计算机仍存在着程度不同的距离感，因而现有的计算机研究成果还没有得到考古学界的普遍认同。诚然，在高新技术突飞猛进的信息时代，数学和计算机这种高新技术进入考古学是当代自然科学奔向人文科学强大潮流的必然趋势。马克思曾经指出："任何一门学科，只有在它成功地运用了数学的时候，才算达到了真正完善的地步。"数学和计算机技术必将担负起使考古学免受信息爆炸的威胁并帮助考古学登上数量化综合研究理论高峰的艰巨任务。

注　释

[1] 李科威《关于〈中国考古主题词表〉的编纂》，《华夏考古》1992 年第 2 期。

[2] 祝敬国《商周青铜器铭文语料库系统》，《文物保护和考古科学》1992 年 4 卷 1 期。

[3] 王立岩《藏品编目图像管理系统现场交流会在上海召开》，《中国文物报》1988 年 7 月 8 日。

[4] 张金卫《激光视盘文物图像管理系统问世》，《中国文物报》1988 年 12 月 9 日。

[5] 于禾《数字化时代的博物馆》，《中国文物报》1999 年 2 月 28 日。

[6] 王莉《博物馆网络起虎添翼》，《中国文物报》1999 年 2 月 28 日。

[7] 陈宝蓉《我国第一幅三维文物分布图绘制完成》，《中国文物报》1991 年 10 月 13 日。

[8] 河南省文物考古研究所等《河南颍河上游考古调查中运用 GPS 与 GIS 的初步报告》，《华夏考古》1998 年第 1 期。

[9] 和玲等《微型计算机在文物普查资料管理中的应用》，《考古与文物》1994 年第 6 期。

[10] 滕铭予《〈中国地下文物基本情况数据库系统〉数据说明》，《文物季刊》1998 年第 3 期。

[11] 王宝义等《莫高窟保护档案数据库系统》，《敦煌研究》1996 年第 2 期。

[12] 罗宏杰《中国古陶瓷与多元统计分析》，中国轻工业出版社 1990 年版。

[13] 房迎山《旧石器考古软件的开发与应用》，《江汉考古》1998 年第 1 期。

[14] 童恩正等《关于使用电子计算机缀合商代卜甲碎片的初步报告》，《考古》1977 年第 3 期。

[15] 陈铁梅等《计算机技术对河南省二里头文化至人民公园期陶豆分类的尝试》，《考古学文化论集》（二），文物出版社 1989 年版。

[16] 滕铭予《计算机与考古学——计算机技术在中国考古学领域的应用》，《吉林大学社会科学学报》1997 年第 3 期。

[17] 王令红《中国人和日本人在人种上的关系——颅骨测量性状的统计分析研

究》，《人类学学报》1987年第1期。

[18] 黄其煦《安阳殷墟中小墓中人骨的对应分析》，《考古》1988年第4期。

[19] 陈德珍《中国新石器时代居民体质类型及其承继关系》，《人类学学报》1986年第2期。朱泓《中国南方新石器时代居民体质类型的聚类分析》，《中国考古学第七次年会论文集》，文物出版社1989年版。

[20] 朱乃诚《概率分析法在考古学中的初步应用》，《史前研究》1984年第1期。

[21] 陈铁梅《多元分析法应用于考古学中相对年代的研究》，《史前研究》1985年第3期。

[22] 裴安平、李科威《雨台山楚墓CASA年代序列分析与相关问题讨论》，《考古》1991年第5期。

参 考 文 献

1. 竺可桢《中国近五千年来气候变迁的初步研究》,《考古学报》1972 年第 1 期。

2. 夏鼐《考古学和科技史》,《考古》1977 年第 2 期。

3. 华觉明等《妇好墓青铜器群铸造技术的研究》,《考古学集刊》第 1 集,中国社会科学出版社 1981 年版。

4. 朱乃诚《概率分析法在考古学中的初步应用》,《史前研究》1984 年第 1 期。

5. 韩康信、潘其风《古代中国人种成分分析》,《考古学报》1984 年第 2 期。

6. 蔡莲珍等《碳十三测定和古代食谱研究》,《考古》1984 年 10 期。

7. 周本雄《中国新石器时代的家畜》,《新中国的考古发现和研究》,文物出版社,1984 年版。

8. 陈铁梅《多元分析法应用于考古学中相对年代的研究》,《史前研究》1985 年第 3 期。

9. 韩康信《骨骼人类学的鉴定对考古研究的作用》,《考古与文物》1985 年第 3 期。

10. 彭子成等《铅同位素比值法在考古研究中的应用》,《考古》1985 年第 11 期。

11. 中国社会科学院历史研究所、中国社会科学院考古研究所编著《安阳殷墟头骨研究》,文物出版社 1985 年版。

12. 李家治等《中国古代陶瓷技术科学成就》,上海科学技术出版社

1985 年版。

13. 李虎侯《中国古瓷中的微量元素》，《考古学报》1986 年第 1
期。

14. 闻广《苏南新石器时代玉器的考古地质学研究》，《文物》1986
年第 10 期。

15. 张寅生《一种考古勘探的新技术》，《文物》1987 年第 4 期。

16. 格林·丹尼尔《考古学一百五十年》，黄其煦译，文物出版社
1987 年版。

17. 中国科学院上海硅酸盐研究所编《中国古陶瓷研究》，科学出版
社 1987 年版。

18. 李虎侯等《铜镜成分的研究 – X – 射线荧光分析铜镜表面成分》
《考古学集刊》第 5 集，中国社会科学出版社，1987 年。

19. 李虎侯等《几种古代银器的 X 射线荧光分析》，《考古》1988 年
第 1 期。

20. 申斌等《应用物化探方法研究殷墟遗址》，《华夏考古》1988 年
第 2 期。

21. 陈铁梅《我国旧石器考古年代学的进展与述评》，《考古学报》
1988 年第 3 期。

22. 张宏斌《航片在凤阳县考古中的应用》，《遥感信息》1989 年第
1 期。

23. 金国樵《物理考古学》，上海科技出版社 1989 年。

24. 张振标《中国新石器时代人类遗骸》，《中国远古人类》，科学
出版社 1989 年版。

25. 韩康信《中国新石器时代种族人类学研究》，《中国原始文化论
集》，文物出版社 1989 年版。

26. 仇士华主编《中国碳十四年代学研究》，科学出版社 1990 年版。

27. 李士、秦广雍《现代实验技术在考古学中的应用》，科学出版社
1991 年版。

28. 村井俊治等《尖端技术考古学图说》，河出书房新社 1991 年。

29. 仇士华《科技方法在考古学上的应用》，《中国考古学年鉴》（1990年），文物出版社1991年版。

30. 丁邦钧等《遥感技术在寿春城遗址考古调查中的应用》，《考古科技论丛》1991年。

31. 周昆叔《环境考古学》，科学出版社1991年版。

32. 李晓岑等《云南早期铜鼓矿料来源的铅同位素考证》，《考古》1992年第5期。

33. 宋德闻等《昭陵古墓葬遗址遥感解译和定位的研究》，《文物》1992年第7期。

34. 《华东师范大学学报》（遥感考古专辑），1992年。

35. 闻广等《沣西西周玉器地质考古学研究》，《考古学报》1993年第3期。

36. 仇士华等《现代自然科学技术与考古学》，《中国考古学论丛》，科学出版社1993年版。

37. 朱泓编著《体质人类学》，吉林大学出版社1993年版。

38. 金正耀等《江西新干大洋洲商墓青铜器的铅同位素比值研究》，《考古》1994年第8期。

39. 袁靖《关于动物考古学研究的几个问题》，《考古》1994年第10期。

40. 袁靖《研究动物考古学的目标、理论和方法》，《中国历史博物馆馆刊》1995年第1期。

41. 金正耀等《广汉三星堆遗物坑青铜器的铅同位素比值研究》，《文物》1995年第2期。

42. 李存信《玻璃钢考古模型的制作》，《考古》1996年第6期。

43. 朱俊英编著《考古勘探》，科学出版社1996年版。

44. 赵志军《植物考古学概述》，《农业的起源和发展》，南京大学出版社1996年版。

45. 朱泓《建立具有自身特点的中国古人种学研究体系》，《我的学术思想》，吉林大学出版社1996年版。

46. 李文杰《中国古代制陶工艺研究》，科学出版社 1996 年版。

47. 阎桂林《考古磁学——磁学在考古中的应用》，《考古》1997 年第 1 期。

48. 钱复业等《地面电探 CT 技术及其在三峡考古中的应用试验》，《考古》1997 年第 3 期。

49. 祁国琴等《欧美动物考古学研究简史》，《华夏考古》1997 年第 3 期。

50. 滕铭予《计算机与考古学——计算机技术在中国考古学领域的应用》，《吉林大学社会科学学报》1997 年第 3 期。

51. 陈铁梅《中子活化分析对商时期原始瓷产地的研究》，《考古》1997 年第 7 期。

52. 彭子成等《赣鄂皖诸地区古代矿料去向的初步研究》，《考古》1997 年第 7 期。

53. 中国社会科学院考古研究所考古科学技术实验研究中心《考古所科技考古二十年》，《考古》1997 年第 7 期。

54. 高立兵《时空解释新手段——欧美考古 GIS 研究的历史、现状和未来》，《考古》1997 年第 7 期。

55. 罗宏杰《中国古陶瓷与多元统计分析》，中国轻工业出版社 1997 年版。

56. 王齐《科学、社会科学、考古学》，《中国文物报》1998 年 3 月 18 日。

57. 闫永利等《高密度电阻率法在考古勘探中的应用》，《物探与化探》1998 年第 6 期。

58. 黄克忠《岩土文物建筑的保护》，中国建筑工业出版社 1998 年。

59. 秦始皇兵马俑博物馆《秦始皇陵铜车马修复报告》，文物出版社 1998 年。

60. 刘建国等《安阳殷墟的遥感考古研究》，《考古》1999 年第 7 期。

61. 袁靖、刘建国、高立兵《中国科技考古五十年》，《考古》1999 年第 9 期。

后　　记

　　考古学是通过物质遗存重建历史的一门重要学科。物质遗存极其丰富的内涵，使考古学者所面对的历史演变，无论从哪一个方面来说都拥有一个相当广阔的时空跨度。因此，要想比较全面地了解某一类甚至某一件（处）物质遗存所反映的信息，单单依靠本学科方法的严密性是远远不够的，必须善于同包括自然科学在内的诸多相关学科协作。自然科学与考古学的紧密结合，出现了许多以物质遗存及其所蕴藏的潜在信息为研究对象的分支学科，诸如冶金考古、环境考古、农业考古、实验考古、计算机考古等。在这些新兴的学科中，有的是利用考古学获取的实物资料和信息研究本已存在的学科问题，有的则是运用现代科技手段来研究特定的考古学问题。其中每一项可能都不完善，甚至难以称之为考古学的分支学科，但它们毕竟在某些具体问题上确实有所进展。为了从更高的层次上观察历史，本书将利用现代科技方法研究物质遗迹及其所蕴藏的潜在信息的内容都归入科技考古的范畴，力图从整体上推动考古学向统一的综合性研究的方向发展。从当代科学的角度上看，考古学实际上正发展成为一门与多种自然学科及人文学科相关联的综合性学科。

　　作为一门新兴的交叉学科，科技考古的理论体系和研究方法还有待于逐步完善。不容置疑的是现代科学技术在考古学领域的应用，为这门以研究古老和久远而著称的学科注入了新鲜的活力，使其迸发出耀眼的火花。然而自然科学与考古学的结合，并没有动摇考古学的基础理论和方法，也没有改变考古学作为人文科学的范畴，而是要求考古工作者具有更高的自然科学知识素养。正如格雷厄姆·克拉克在《考古学、考古学家与史前史》一文中所说的一样："一个人若无多方面的才能、经验和多种专门知识，他便不可能在考古学上有所建树，甚至不可能被考古学所吸引。"作为一个考古工作者应该清醒地认识到这一点，看到现代科学技术在考古学领域应用的广阔前景，通晓各种相关的自然科学诸多领域的研究目的、方法和意义，积极地投身科技考古，使其尽快地得到长足的发展。

　　科技考古研究的领域之广、涉及的知识面之宽，是其他任何一门学科都难以比拟的。本书主要将考古学领域中比较常用的技术和已显示出具有较强生命力的技术及其应用作一系统的介绍和评介。由于我们的学识浅陋，加之时间所限，在材料的取舍和编写过程中难免有错误和疏漏之处，恳请读者不吝赐教。

　　本书的提纲由杨晶、吴加安共同拟定，杨晶执笔编写了全书。在写作过程中承蒙张忠培、叶学明、朱泓和崔晓林等先生提出了一些宝贵的意见，杨林、傅宪国、刘建国、李化元等同志提供图片资料，黄田帛、杨琳等同志提供了查阅资料的方便，在此一并致谢。

作者

1999 年 12 月

封面设计/ 张希广

责任印制/ 陈　杰

责任编辑/ 张庆玲

图书在版编目（CIP）数据

科技考古/杨晶、吴加安著. —北京：文物出版社，2008.1
（20世纪中国文物考古发现与研究丛书）
ISBN 978‐7‐5010‐2242‐7

Ⅰ. 科⋯　Ⅱ.①杨⋯②吴⋯　Ⅲ. 科学技术‐应用‐考古‐
研究‐中国　Ⅳ. K854　K87

中国版本图书馆 CIP 数据核字（2007）第 085481 号

20 世纪中国文物考古发现与研究丛书

科 技 考 古

杨晶　吴加安/著

文 物 出 版 社 出 版 发 行

（北京市东直门内北小街 2 号楼）

邮 政 编 码　100007

http：//www. wenwu. com

E‐mail：web@ wenwu. com

美 通 印 刷 有 限 公 司 印 刷

新 华 书 店 经 销

850×1168　1/32　印张：8

2008 年 1 月第 1 版　2008 年 1 月第 1 次印刷

ISBN　978‐7‐5010‐2242‐7　定价：28 元